Sapperment!

Sappermment!

25 Jahre Nestroy-Preis

Ein Stück österreichisches Gegenwartstheater

Margarete Affenzeller
Wolfgang Kralicek
Petra Paterno (Hg.)

MOLDEN

Inhaltsverzeichnis

25 Stimmen zum Theater

Johan Simons erhält den
Nestroy in der Kategorie
Beste Regie für *Woyzeck*,
2019

Vorwort

Wie viele Theaterproduktionen in Österreich in den vergangenen 25 Jahren realisiert wurden, ist kaum zu beziffern. Es waren Hunderte pro Jahr, und die Nestroy-Jury hat diese Jahre intensiv begleitet. Theater ist eine flüchtige Kunstform, die im Moment des Entstehens auch schon wieder entschwindet und nur in den Köpfen des Publikums weiterlebt. Theater lässt sich nicht konservieren, sein äußeres Erscheinungsbild bleibt höchstens in Archivaufzeichnungen gespeichert oder in Kritiken und Berichten dokumentiert.

An dieser Stelle hakt *Sapperment!* ein. Am Anfang unserer Rückschau auf 25 Jahre Nestroy - Der Wiener Theaterpreis standen Fragen: Was hat diese ephemere Kunst in dieser Zeit bestimmt? Welche Entwicklungen und Veränderungen zeichneten sich auf den deutschsprachigen Bühnen ab? Welche prägenden Persönlichkeiten hat das Theater hervorgebracht?
Als Autorinnen und Autoren haben wir jene engagiert, von denen wir wissen, dass sie den besten Überblick über das Theatergeschehen im Land haben: unsere Kolleginnen und Kollegen aus der Nestroy-Jury. Ausgehend von 25 Jahren Nestroy-Preis setzen sich die nachfolgenden Essays und Interviews mit dem zeitgenössischen Theaterschaffen auseinander; ergänzend dazu enthält der Band eine Übersicht sämtlicher Preisträger:innen sowie aller Nominierungen. Die Literaturnobelpreisträgerin Elfriede Jelinek hat uns freundlicherweise den Abdruck ihrer Rede zum Lebenswerk-Nestroy gestattet. Der Dramatiker und Nestroy-Preisträger Ferdinand Schmalz hat sich in einem eigens verfassten literarischen Text über die Verbindungen des zeitgenössischen Theaters zu Johann Nestroy Gedanken gemacht.

Theater lebt von seiner Vielstimmigkeit. Um dieser nachzukommen, baten wir 25 Theaterschaffende und Nestroy-Preisträger:innen um Statements. Wir fragten sie, welche Einsichten das Berufsleben am Theater eröffnet, was sie gern früher gewusst hätten, was von Theaterpreisen zu halten sei. Die Antworten finden sich lose im Buch verteilt. Den Titel *Sapperment!* haben wir uns natürlich vom Namensgeber des Nestroy-Preises höchstpersönlich entliehen, aus seinem Zauberspiel in zwei Akten, *Die Familien Zwirn, Knieriem und Leim oder Der Welt-Untergangs-Tag*. Ein Ausruf, mit dem man zu Johann Nestroys Lebzeiten sein Erstaunen oder seine Entrüstung ausdrückte. 25 Jahre Nestroy-Preis: Sapperment!

Margarete Affenzeller, Wolfgang Kralicek, Petra Paterno

Unsere Preise

Kunst-, erst recht Theaterpreise sind seltsam. Bewunderung gilt den Heldinnen und Helden der Geschichte, die Preise ablehnen. Wer sein Leben lang keinen Preis erhält, tröstet sich gerne damit, eigentlich sei es doch besser, an diesem Zirkus niemals beteiligt gewesen zu sein. Thomas Bernhard hat seine Abscheu über erhaltene Auszeichnungen in seinen Dankesreden – nachzulesen in dem Buch *Meine Preise* – grimmig zelebriert. Aber hätte nicht allein dafür die Erfindung von Preisen gelohnt?

Hinter Preisen steckt eine Menge unsichtbarer Arbeit und Hingabe. Das kann ich als Vorsitzende der Nestroy-Jury bezeugen. Sie sichtet Jahr für Jahr um die 1.000 Vorstellungen und setzt ihren Ehrgeiz daran, nur ja keine Entdeckung zu verpassen. Wie gerne hätte man noch mehr gesehen, noch mehr Stunden in Zügen verbracht, noch mehr Nächte hindurch diskutiert!

Ja, Theaterpreise haben immer etwas Rückwärtsgewandtes. Wie auch anders? Selbst wo sie Neues entdecken, zeichnen sie das aus, was gewesen, was schon da ist – nicht, was kommen wird. Aber wer auf die Geschichte solcher Auszeichnungen wie des Nestroy zurückblickt, wer wechselnde Formate, Schauplätze und Konstellationen verfolgt, wird finden, dass sich darin kulturpolitische Kämpfe widerspiegeln, die ästhetische Konflikte abbilden, die wiederum gesellschaftliche Auseinandersetzungen reflektieren. Deshalb sind Preise auch Momentaufnahmen eines historischen Prozesses und sozialer Bewegungen. Wer trifft Entscheidungen, wer verleiht, wer bekommt was wofür, und wer oder was fehlt? Preise und Verleihungen kristallisieren etwas – in doppelter Bedeutung: Erstarrung und Transparenz zugleich.

Beim Nestroy kommt hinzu, dass man schon bei der Arbeit in der Jury weiß: Es wird nicht bei einer staatstragenden, staatsfunkübertragenen Gala mit anschließender Sektverkostung bleiben. Es ist wirklich einmal eine gute Tradition zu nennen, dass beim Nestroy sowohl von Seiten arrivierter als auch neu entdeckter Künstler:innen erfahrungsgemäß Kritik geübt wird, die vielen in der Politik nicht schmeckt. Diese kritischen Stimmen sind bitter nötig, und dass die Nestroy-Preisverleihung diesen Interventionen eine Bühne bietet, ist gut.

Als Bühne für kritisches Nachdenken über Theater lässt sich auch dieses Buch lesen. Die vielfältigen Beiträge zeigen: Niemand, der

Theater liebt, wird damit je kritiklos im Reinen sein. Theater wird mit sich selbst ja auch nie fertig. Geisteswissenschaftlich ist die Rede vom „Skandal der Philosophie", der darin liegt, dass diese Wissenschaft in ihrer 2.500-jährigen Geschichte kein einziges unstrittiges Ergebnis hervorgebracht hat. Das Theater zieht hier wirklich locker gleich. Auch die Aufsätze dieses Bandes zeigen: Theater ist nur im Modus seiner fortwährenden Selbstbefragung zu haben. In welcher anderen Kunstform gäbe es ein so selbstvernichtendes Schimpfwort wie „theatrig"?

Theater, das ist das gemeinsame, heimliche Thema der in diesem Band versammelten Texte, lebt von der Unzufriedenheit, vom Zweifel. Seit Jahrzehnten, nein: eigentlich Jahrhunderten arbeitet Theater daran, sich sein repräsentatives Gewand vom Leib zu reißen – aber das schafft es nie ganz, weil es im Zentrum so vieler gesellschaftlicher Sehnsüchte steht. Es will so gern dagegen sein. Aber es will auch so gern dazugehören. Aber wenn es merkt, dass es dazugehört, dann wird es fuchsteufelswild. Und alles geht wieder von vorne los.

Theater lässt sich als Institution zwar phasenweise autoritär kontrollieren. Aber im innersten Kern bleibt es unregierbar. Es repräsentiert und muss repräsentieren und zerstört doch Repräsentation permanent. Es überbrückt noch den Gegensatz zwischen Universalismus und Partikularismus, indem es in der künstlerischen Praxis alle Anwesenden gemeinsam dazu aufruft, empathische Zeuginnen und Zeugen dessen zu werden, was doch unhintergehbar besonders, einzigartig ist. Es hat die Aufgabe, das Besondere ins Allgemeine zu wenden und diese Wendung doch immer wieder wutentbrannt zu verwerfen, als veraltet, verknöchert, reaktionär. Manchmal verzweifelt es daran. Dann möchte es sich als Stadttheater unbedingt selbst abschaffen, weil es sich so spießig findet, nur um kurz danach den rettenden Gedanken zu fassen, dass Stadt-Theater, richtig verstanden, doch eigentlich nur als Gegenteil seiner herkömmlichen, erstarrten Bedeutung überhaupt möglich und also eine prima Sache sei.

Theater, das verbergen die Preise und zeigen es doch, ist wie eine Kirche, die von Schisma zu Schisma taumelt. Sie hat so viele Päpste wie Gläubige. Ihr Dogma ist die eigene Fragwürdigkeit. Es ist eine unendliche Bewegung zwischen Triumph und Verdammnis.

Ein Preis ist ein flüchtiges Innehalten in dieser Bewegung. Ein Dazwischen, auch für die Jury: Mit der Abschlusssitzung im September stehen die Nominierungen und Preisträger:innen fest, ist die Arbeit für die vergangene Saison schon getan. Wenn im November die Preisverleihung stattfindet, ist die Jury längst schon wieder für den nächsten Nestroy unterwegs.

Alexandra Althoff, Vorsitzende der Nestroy-Jury

254

Meistnominiertes Wiener Theater
Burgtheater (mit Akademietheater)

12

Meistnominiertes Stück
Woyzeck

Meistnominierter Schauspieler
Michael Maertens

10

Bundesländer-Bühne
mit den meisten Nestroys
Schauspielhaus Graz 13

23
Jahre

Jüngste Preisträgerinnen
Birgit Minichmayr und Katharina Straßer

Älteste Preisträgerin
Gusti Wolf

91 Jahre

Johann Nepomuk, schau oba!

Von der Idee zur Institution: Über die Entstehung und Bedeutung des NESTROY-PREISES für die österreichische Theaterlandschaft, und warum Claus Peymann seinen Nestroy zurückgab.

Von Petra Paterno

Das Theater an der Wien war bei der ersten Nestroy-Gala 2000 und auch später immer wieder Austragungsort (Foto: 2002)

Ohne Molière kein Nestroy. Das gilt nicht nur für das Lebenswerk des österreichischen Dramatikers, Schauspielers und Prinzipals, sondern auch für den Nestroy-Preis selbst. Während eines Frankreichurlaubs sah Werner Urbanek zufällig im Fernsehen die Galaübertragung des Theaterpreises Molière – und war hellauf begeistert. Der französische Theaterpreis, 1987 vom Journalisten Georges Cravenne ins Leben gerufen, nimmt Maß an der Oscar-Preisverleihung in Hollywood: Stars auf dem roten Teppich, Glamour und Glitzer, flamboyante Show-Acts. Warum nicht, dachte Urbanek, etwas Vergleichbares für die Theaterhauptstadt Wien initiieren?

1998 gründete Urbanek, von 1995 bis 2006 Kulturjournalist bei der *Kronen Zeitung*, gemeinsam mit der damals beim *Kurier* engagierten Karin Kathrein, einer der profiliertesten Theaterkritiker:innen des Landes, und dem *Kurier*-Filmkritiker Rudolf John den Verein Wiener Theaterpreis. Das erklärte Ziel: einen Preis à la Molière in Wien zu etablieren. Rudolf John und dessen Frau, die Agenturchefin Alke John, setzten bereits seit 1990 den Film- und Fernsehpreis Romy in Szene und brachten diese Erfahrung in die Gründung des Nestroy-Preises ein. Alke John hatte über viele Jahre hinweg die Organisation des Nestroy-Preises inne und betreut bis dato die Belange der Nestroy-Jury.

Die Gründung

Zunächst suchte man das Gespräch mit Peter Marboe, von 1996 bis 2001 ÖVP-Kulturstadtrat in Wien. Offenbar hatten die Nestroy-Aficionados die richtige Idee zur richtigen Zeit: Marboe hatte dem Wiener Gemeinderat zuvor bereits einen Vier-Stufen-Plan zur Reform der Wiener Theaterlandschaft vorgelegt; angesichts des akut schwindenden Theaterkartenverkaufs schienen kulturpolitische Maßnahmen dringend notwendig. Stufe eins betraf die Propagierung eines „Theater-Dienstags", der zum Preis einer Karte den Theaterbesuch zu zweit ermöglichen sollte. „Diese Idee hatte ich damals aus New York mitgenommen", erinnert sich Marboe. Stufe zwei: die Umsetzung des „Theater-Dienstags" im Jahr 1999. Stufe drei – das Kernstück des kulturpolitischen Reformprozesses – war die Einführung von Drei-Jahres-Verträgen für die Wiener Bühnen. Dieses Reformvorhaben vergleicht Marboe heute mit dem sprichwörtlichen Kampf gegen Windmühlen. Erst nach parteiinternen Interventionen seitens des damaligen Bürgermeisters Michael Häupl (SPÖ) wurde die Maßnahme schließlich umgesetzt. Im Vier-Augen-Gespräch, erinnert sich Marboe, soll einer von vielen legendären Häupl-Sagern gefallen sein: „Das ist leider eine gute Idee, das müssen wir machen." Inzwischen sind Mehr-Jahres-Verträge ein so etabliertes wie bewährtes Instrument der Kulturpolitik.

Gert Voss, Peter Marboe, Otto Schenk bei der ersten Nestroy-Gala 2000 (v.l.)

Rudolf John und Karin Kathrein gehören zu den Initiator:innen des Nestroy-Preises

Und Stufe vier? Marboe wollte einen Theaterpreis einführen, lange bevor Urbanek, Kathrein und John ihm die Idee präsentierten. Marboes Plan sah vor, die bereits bestehenden Wiener Theaterpreise zu reformieren. Da gab es einerseits die Josef-Kainz-Medaille, die seit 1958 alljährlich am 20. September – dem Geburtstag des 1910 verstorbenen Schauspielers Josef Kainz – durch den amtierenden Kulturstadtrat im Rathaus verliehen wurde. Jeweils eine Schauspielerin und ein Schauspieler, ein Regisseur sowie ein Bühnenbildner – Gendern ist an dieser Stelle nicht zwingend nötig, weil die Auszeichnung vornehmlich an Männer ging – wurden prämiert. In den 1970er-Jahren kamen Förderungspreise für Nachwuchskünstler:innen hinzu. Eine von der Stadt Wien eingesetzte Jury bestimmte die Nominierungen; aus diesen wählten die bisher mit der Kainz-Medaille Ausgezeichneten die Sieger:innen. Sie taten das mit deutlicher Schlagseite: Da sich die mit der Kainz-Medaille Ausgezeichneten überwiegend aus den Reihen der Wiener Großbühnen rekrutierten, wurde das Theaterschaffen außerhalb dieser Institutionen kaum berücksichtigt. Zudem fanden die Verleihungen unter dem Radar der Öffentlichkeit statt, obwohl sie frei zugängig waren. Es waren mehr oder weniger private Feiern der Ausgezeichneten in Anwesenheit von Familien, Freunden und Kolleginnen.

Neben der Kainz-Medaille verlieh die Stadt Wien seit 1976 den Johann-Nestroy-Ring. Dieser ging, so die Satzung, „an Personen, die sich Verdienste um die Stadt Wien in der Pflege der satirisch-kritischen Darstellung des Wesens dieser Stadt sowie ihrer Bevölkerung im Sinne Nestroys erworben haben“. Der Nestroy-Ring war damit nicht auf das Theater beschränkt, zu den Geehrten gehörten etwa auch die Sängerin Marianne Mendt, der Autor H. C. Artmann und der Kabarettist Josef Hader.

Im Jahr 2000 gingen Kainz-Medaille und Nestroy-Ring im damals neu geschaffenen „Nestroy-Preis" auf, der in voller Länge „Nestroy – Der Wiener Theaterpreis" heißt. Wobei der Name „Nestroy-Preis" nicht in Stein gemeißelt war. Laut Werner Urbanek wäre auch „Schnitzler-Preis" denkbar gewesen; Peter Marboe erinnert sich, dass man auch über „Grillparzer-Preis" diskutiert, sich schließlich aber einstimmig auf „Nestroy-Preis" geeinigt habe. Einen weiteren zentralen Baustein in der Nestroy-Gründungsphase stellte die Kooperation mit dem ORF dar. Kathrin Zechner, von 1995 bis 2002 Programmintendantin beim ORF, begeisterte sich von Beginn an für die Live-Übertragung der Nestroy-Preis-Gala – eine Zusammenarbeit von Theater und TV, die bis heute Bestand hat.

Nun ging es an die Finanzierung. In einem Nestroy-Stück hieße es an dieser Stelle: Fortuna, schütt' dein Füllhorn aus! Tatsächlich sprang die Erste Bank als großzügiger Generalsponsor ein und finanzierte die Auslagen. Für den neuen Theaterpreis war dieser Geldsegen äußerst hilfreich, da anfangs keine Mittel aus dem Kulturbudget angezapft werden mussten.

Die Intention der Gründergeneration fasste Peter Marboe im Programmheft der ersten Nestroy-Preis-Gala so zusammen: „Der Nestroy soll eine Auszeichnung für die großartigsten Leistungen eines Theaterjahres wie auch eine im ganzen Land präsente Bühne dieser aufregendsten Momente sein, die das Theater hervorgebracht hat. Nicht zuletzt aber soll der Nestroy auch für das Theater werben: als eine der schönsten Formen, einige Stunden der Unterhaltung, der intellektuellen Auseinandersetzung, der Begegnung mit Kunst und den Menschen zu verbringen."

Othmar Nestroy, Urgroßneffe von Johann Nestroy, Alke John, Nestroy-Preis-Organisatorin und Peter Back-Vega vom Wiener Bühnenverein (v.l.)

Der Wiener Kulturstadtrat Andreas Mailath-Pokorny überreicht dem Nestroy-Gründer Werner Urbanek (v.l.) einen Ehren-Nestroy

Die erste Nestroy-Gala fand am 21. Oktober 2000 im Theater an der Wien statt, moderiert von Burgschauspieler Peter Simonischek. Die Preisträger:innen spiegelten das damalige Who's Who der Wiener Theaterlandschaft: Die von der Metallkünstlerin Gabriele Kutschera entworfenen Trophäen gingen an Gert Voss als Bester Schauspieler, an Otto Schenk für sein Lebenswerk und an Birgit Minichmayr in der Kategorie Bester Nachwuchs. Der spätere Literaturnobelpreisträger Jon Fosse gewann mit *Der Name* den ersten Autorenpreis; die freie Theatermacherin Sabine Mitterecker wurde mit dem Nestroy für die Beste Off-Produktion ausgezeichnet und forderte in ihrer Dankesrede sogleich, dass diese Kategorie künftig dotiert sein müsse. Mit Erfolg: Seit 2001 ist der Off-Preis – im Unterschied zu den anderen Nestroys – mit einem Geldbetrag verbunden.

Der Nestroy war und ist nicht nur eine öffentlichkeitswirksame Werbeveranstaltung für das Theater, sondern vor allem auch ein großes Branchenfest, bei dem die After-Show-Party mindestens so wichtig ist wie die Gala selbst.

Über die Jahrzehnte hinweg gab es immer wieder Überlegungen, für den Nestroy-Preis einen Vergabeort zu finden, der dem Dolby Theatre, in dem seit 2002 alljährlich das Oscar-Schaulaufen stattfindet, gleichkäme. Doch die Gala blieb ein Wanderbetrieb, die Theaterfeier wurde bis dato an wechselnden Bühnen abgehalten. Auf den Premieren-Moderator Simonischek folgten viele weitere Schauspieler:innen, die einmal allein auf weiter Bühne, dann wieder im Duo oder als Trio durch die Gala führten; seit 2021 gestalten die ZiB-Moderatorin Nadja Bernhard und der ORF-III-Journalist Peter Fässlacher den Abend.

Claus Peymann und André Heller (v.l.) bei der Nestroy-Preisverleihung 2002

Der Eklat

Der bisher weitreichendste Eklat in der Geschichte des Nestroy-Preises ereignete sich bereits im Jahr 2002: Im Rahmen der dritten Nestroy-Gala wurde Claus Peymann für sein Lebenswerk ausgezeichnet; in seiner Laudatio auf Peymann erwähnte André Heller den Namen eines Politikers, der sich mit Unterstützung einer Rechtspartei zum Kanzler gemacht und das Land ins Unglück gestürzt habe; und am Ende appellierte die Nestroy-Moderatorin Andrea Eckert an das Publikum im Saal und vor den Fernsehgeräten, die bevorstehende Nationalratswahl „nicht wieder in einer Schmierenkomödie" enden zu lassen. Die Anspielungen auf den damaligen Bundeskanzler Wolfgang Schüssel (ÖVP) und die von ihm angeführte FPÖ-ÖVP-Koalitionsregierung blieben nicht folgenlos. Die ÖVP-Politiker Andreas Khol und Wilhelm Molterer warfen den Veranstaltern sowie der SPÖ vor, dies alles geplant zu haben; der ORF geriet unter Verdacht, von Hellers Rede bereits im Vorfeld gewusst und die Aussagen dennoch gesendet zu haben. Die Vorwürfe konnten nicht belegt werden, der angerichtete Schaden war dennoch enorm: Die Erste Bank zog sich schrittweise bis zum Jahr 2004 als Generalsponsor zurück, der ORF strahlt die Gala seither nicht mehr live, sondern zeitversetzt aus. Und der geehrte Claus Peymann? Der gab seinen Nestroy erbost zurück, die Trophäe wurde zehn Jahre lang im Österreichischen Theatermuseum aufbewahrt. Dann, 2012, wurde Peymann 75 – und man nutzte die Gelegenheit, ihm den Nestroy endlich doch noch in die Hand zu drücken.

Jury und Organisation

Nachdem die Erste Bank als Generalsponsor abgesprungen war, wurde es finanziell herausfordernder. Auch wenn sich im Lauf der Jahrzehnte zahlreiche andere Sponsoren fanden – etwa Bank Austria, die Österreichischen Lotterien, Casinos Austria oder Novomatic –, fließen seither auch Mittel der Stadt Wien und des Bundes ein. Die Jurytätigkeit ist ehrenamtlich, die Jurorinnen und Juroren erhalten lediglich eine Aufwandsentschädigung für Sitzungen sowie die Vergütung der Reisespesen: Pro Spielzeit besucht die aus sieben Personen bestehende Nestroy-Jury durchschnittlich 1.000 Aufführungen im gesamten deutschsprachigen Raum und hält sechs Sitzungen ab. Dieser enorme Aufwand unterscheidet die Nestroy-Jury von denen der meisten anderen Preise und lässt sich zumindest vom Anspruch her eher mit der Jury-Tätigkeit für das Berliner Theatertreffen vergleichen. Einen anderen Weg schlägt beispielsweise der deutsche Faust-Preis ein. Hier greifen zwei Gremien ineinander: Eine Nominierungsjury, bestehend aus Mitgliedern der Deutschen Akademie der Darstellenden Künste, der etwa sämtliche Intendantinnen und Intendanten angehören, nominiert je drei Positionen in einer ganzen Reihe an Kategorien. Das klingt zwar nach einem demokratischen Verfahren, hat aber auch seine Tücken: denkbar, dass es dabei vielleicht zu Gefälligkeits-Nominierungen kommen könnte. Aus dieser Liste wählt dann eine siebenköpfige Auswahljury die Sieger:innen aus. Beide Ausschüsse agieren ehrenamtlich, weder Entschädigungen noch Reisekosten werden erstattet. Logische Folge daraus: Was beim Nestroy die Ausnahme ist, scheint beim Faust die Regel zu sein – die Sichtung von Videoaufzeichnungen.

Im Gründungsjahr 1999/2000 setzte sich die Nestroy-Jury zusammen aus den Theaterkritiker:innen Karin Kathrein (*Kurier*), Karlheinz Roschitz (*Kronen Zeitung*), Barbara Petsch (*Die Presse*), Heinz Sichrovsky (*News*), Ronald Pohl (*Der Standard*), Brigitte Hofer (ORF) und Roland Koberg (*Berliner Zeitung*).

Der Nestroy-Preis auf einer Briefmarke

Ende August 2000 traf sich die erste Jury zur Schlusssitzung und bestimmte je drei Nominierungen in sieben Kategorien. Anschließend hatten die Mitglieder der sogenannten Nestroy-Preis-Akademie (bestehend aus sämtlichen Kainz-Medaillen-Träger:innen sowie allen nachrückenden Nestroy-Geehrten) die Möglichkeit, aus der Liste der Nominierten zu wählen. Die Stimmzettel wurden anonym an das Theaterreferat des Wiener Kulturamts geschickt und unter Beisein eines Notars ausgezahlt; die Ergebnisse blieben geheim, bis zu jenem Moment, in dem das versiegelte Kuvert auf offener Bühne geöffnet wurde. Ein Hauch Hollywood.

In der Saison 2012/13 wurde der Nestroy-Preis einem Reformprozess unterzogen, der Gründerverein kooperierte fortan mit dem Wiener Bühnenverein; ein umsichtiger Kurswechsel, um die Zukunft des Preises zu sichern. Seit 2015 wird der Nestroy komplett vom Wiener Bühnenverein organisiert und veranstaltet. Für Franz Patay, Präsident des Wiener Bühnenvereins und Geschäftsführer der Vereinigten Bühnen Wien, ist der Nestroy nicht nur „ein Fixpunkt jeder Theatersaison", sondern auch „der begehrteste Theaterpreis im deutschsprachigen Raum, der die herausragendsten Leistungen und bemerkenswertesten Darbietungen würdigt und die Lebensläufe der über 300 Preisträger:innen schmückt. Durch die enge Zusammenarbeit der Stadt Wien und des Wiener Bühnenvereins sowie die Unterstützung des Bundes ist es möglich, den Nestroy jährlich zu vergeben und das Theater und seine Protagonistinnen und Protagonisten hochleben zu lassen. Nur so können wir sicherstellen, dass sich nach jeder Preisverleihung alle Theatermenschen und nicht nur die Preisträger:innen ausgezeichnet fühlen."

Durch die Reorganisation wurden 2013 auch die Aufgaben zwischen Jury und Akademie neu verteilt: Künftig sollte die Jury über die Gewinner:innen in zwölf Kategorien selbst entscheiden, während die Nominierungen zum Teil von der Akademie kamen. Im Detail sah das im Sichtungsjahr 2012/13 so aus: In den Kategorien Beste Schauspielerin, Bester Schauspieler sowie Beste Nebenrolle gab es jeweils fünf Nominierungen, je drei davon wurden von der Akademie vorgeschlagen. In sechs weiteren Kategorien – Beste Regie, Bester Nachwuchs, Spezialpreis, Beste Off-Produktion, Beste Bundesländer-Aufführung, Beste deutschsprachige Aufführung – wurden die zukünftigen Ausgezeichneten aus jeweils einer Liste mit drei Nominierungen gewählt, wobei in den Kategorien Beste Regie und Bester Nachwuchs je zwei wiederum von der Akademie eingebracht wurden.

Ein ausgeklügeltes Verfahren, doch die Tücke lag im Detail: Die Kommunikation mit den stetig zahlreicher werdenden Mitgliedern der Akademie verlief nicht immer reibungslos, der Rücklauf an Vorschlägen blieb bald unter den Erwartungen. Auch deshalb übernahm die Jury sukzessive selbst die Verantwortung für Nominierung und

Stefanie Hackl, Karlheinz Hackl, Franziska Hackl (v.l.)

Jutta Lampe

Mehmet Atesci, Benny Claessens, Andrea Wenzl, Deleila Piasko (v.l.)

Johannes Krisch

Sandra Cervik, Herbert Föttinger

Elisabeth Orth, Andrea Breth, Martin Zehetgruber

Florentina Holzinger, Marlene Engel

Pavol Liška, Kelly Copper (Nature Theater of Oklahoma)

Schallbert Gilet alias Michael Ostrowski als Nestroy-Moderator

Annie Girardot, Peter Simonischek

Stefano Bernardin, Michael Heltau, Sunnyi Melles, Franzobel

Oskar Haag

Simon Jensen, Sarah Viktoria Frick, Martin Vischer

Anna Rieser

Martin Finnland mit Nesterval-Ensemble

Auswahl. Unter dem Jury-Vorsitz von Alexandra Althoff, die das Gremium seit 2023 leitet, wurden schließlich jene Statuten erlassen, welche die Jurytätigkeit bis heute regeln.

Es gehört zum Wesen einer Juryentscheidung, dass diese kritisch hinterfragt gehört, sonst verlöre jedwedes Kunstpreisgericht seinen Sinn. Immer wieder wurde auch an der Unabhängigkeit der Nestroy-Jury gezweifelt. Ganz kurzer Zwischenruf: Es bleibt bis zum Beweis des Gegenteils ein ungelöstes Rätsel, wie sieben Personen durch Beeinflussung und Manipulation dahin gebracht werden können, mit Einheitsstimme zu votieren. Theaterkritiker:innen stimmen durchwegs unbeeindruckt von Freund- und Feindschaften an den einzelnen Theaterhäusern ab.

Welche Bedeutung hat der Nestroy-Preis heute?

Für Initiator Werner Urbanek ist der Nestroy-Preis eine „Erfolgsgeschichte“. Auch wenn in zahlreichen Medien in den Anfangsjahren nicht an Kritik gespart, an der Gala kein gutes Haar gelassen wurde. Heinz Sichrovsky schrieb im Magazin *News* noch über die 23. Nestroy-Gala: „Mehr eine Oscar-Parodie beim Villacher Fasching als ein Ehrenabend der Bühnenkunst: Die Nestroy-Zeremonie bleibt unelegant.“ Ob elegant oder nonchalant: Der Nestroy-Preis weckt Jahr für Jahr beachtliche mediale Aufmerksamkeit.

Eine Aufmerksamkeit, die am Ende dem Theater zugutekommt und vor allem durch die kontinuierliche Zusammenarbeit mit dem ORF ermöglicht wird. „Der ORF ist seit Anbeginn des Nestroy-Preises medialer Partner und begleitet dieses wichtige kulturelle Ereignis mit umfassender Berichterstattung sowie mit der Übertragung der Gala selbst, die einen weitesten Seherkreis mit mehr als 300.000 Zuseher:innen (5 Prozent der österreichischen TV-Bevölkerung 12+) erreicht“, so ORF-Generaldirektor Roland Weißmann. „Für den ORF ist die Übertragung des Nestroy-Preises ein öffentlich-rechtliches Statement, das zeigt, wie bedeutend das Theater in der Kulturlandschaft Österreichs ist: Es ist zugleich Teil unseres Kulturerbes und wichtiger Unterhaltungsfaktor ebenso wie gesellschaftlicher Seismograph und Spiegel unserer Zeit.“ Über die Zusammenarbeit mit dem Wiener Bühnenverein äußert sich der ORF-Generaldirektor folgendermaßen: „Ausdruck der guten Partnerschaft mit dem veranstaltenden Wiener Bühnenverein ist auch, dass die Fachexpertise der ORF-Kulturredaktion geschätzt wird, die regelmäßig Teil der Jury ist. Wir freuen uns ebenso darüber, dass seit mehr als zehn Jahren der ORF-III-Publikumspreis vergeben wird sowie ORF-Moderatorinnen und -Moderatoren gern gesehene Präsentatoren der Veranstaltung sind.“ Für die Zukunft wünscht sich Weißmann „zumindest weitere 25 Jahre erfolgreicher Partnerschaft mit dem Nestroy-Preis“. Der Generaldirektor könne sich eine „Erweiterung des Engagements“ vorstellen sowie „eine verstärkte Kooperation auf digitaler Ebene – über die Plattform On“.

Christian Kircher,
Veronica Kaup-Hasler,
Bettina Patay-Kremliczka,
Franz Patay (v.l.)

Die Ehrung Theaterschaffender ist so alt wie das Theater selbst, bereits in der Antike wurden Theaterlieblinge bekränzt. Mittlerweile werden Theaterpreise geradezu inflationär vergeben, sich in der Fülle an Awards zu behaupten, ist gar nicht einfach. Ist dies dem Nestroy-Preis in den 25 Jahren seiner Existenz dennoch geglückt? Und: Woran ließe sich das messen? An der öffentlichen Resonanz? An der Beschleunigung und Festigung großer Karrieren? Die Nestroy-Gala als Maß aller Dinge? Oder eher die After-Show-Party? Oder ergeben am Ende vielleicht die vielen Teile ein Ganzes? In den Anfangsjahren seiner wechselhaften Geschichte war der Preis vor allem eine Leistungsschau der Bühnen Wiens und Werbeträger für die Institution Theater. Mittlerweile hat sich die Bandbreite der Nominierungen erweitert, das Theaterschaffen in den Bundesländern und der freien Szene findet sich auch in den Hauptkategorien abgebildet, die Liste der Nominierten ist vielfältiger geworden. Der Nestroy-Preis ist in einer sich radikal veränderten Theaterkultur angekommen – und fixer Bestandteil der österreichischen Bühnenlandschaft.

Theater ist blanke Gegenwart und besteht höchstens in Erinnerungen fort. Das ist in einer rückwärtsgewandten Stadt wie Wien Fluch und Segen. Nirgendwo sonst leben die Geister der Vergangenheit länger. Nirgendwo sonst erinnert man Theater andauernder als in Wien: Zukunft auf dem Theater ist in Wien immer Geschichte – bestenfalls.

Andreas Beck
Intendant

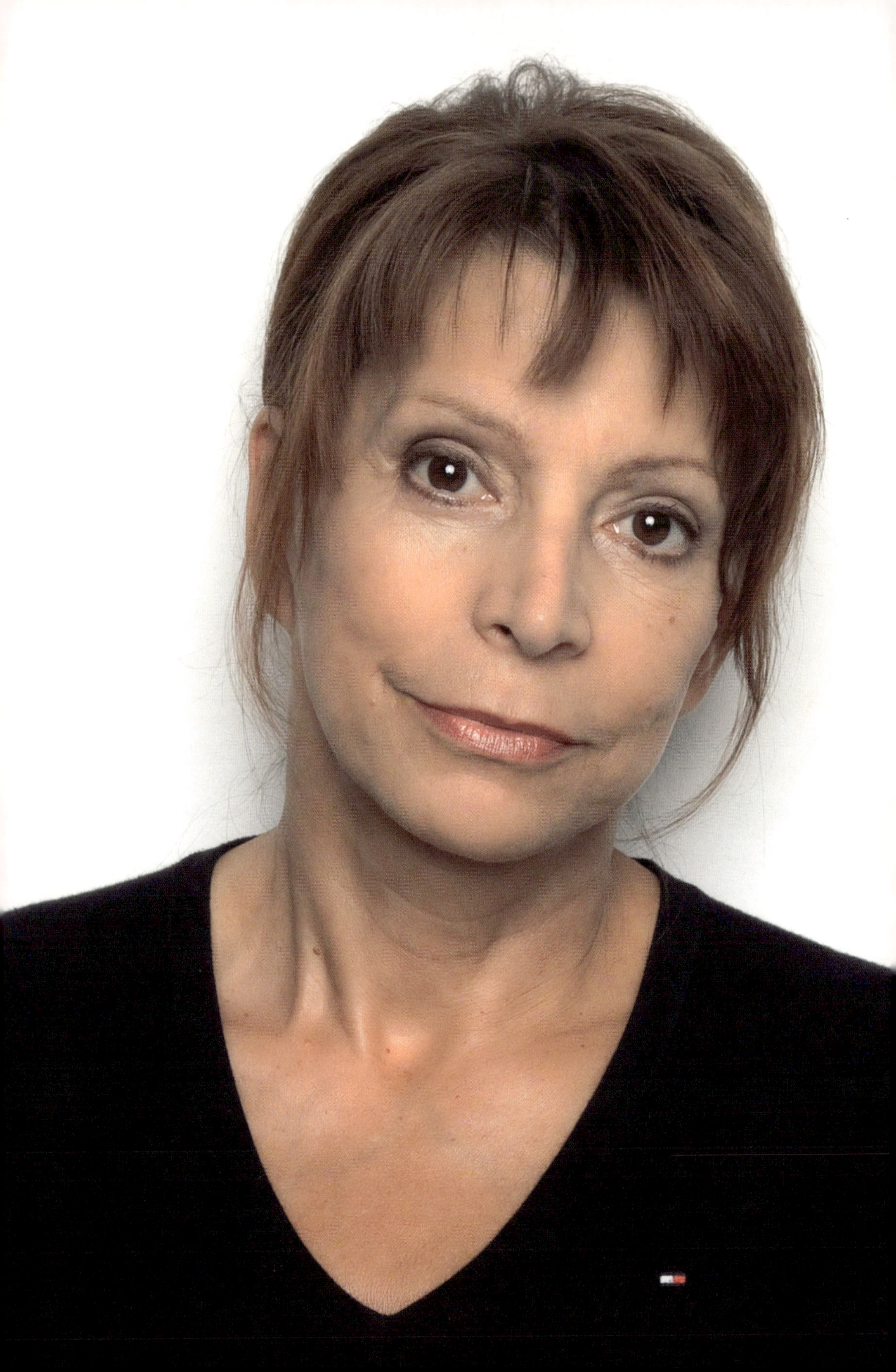

Das Theater rund um den Nestroy-Preis und seine Ausgezeichneten hat mich immer fasziniert. Es erreichte oft Shakespeare'sche Dimensionen. Das erste Mal habe ich es am Schauspielhaus Graz erlebt, als Bundesländertheater um mehr Beachtung kämpften und die Kategorien des Nestroy-Preises streitbar hinterfragten. Was für Leidenschaft war da im Spiel, welches Begehren, wieviel Hoffnung, Ablehnung und Anfeindungen, alles, nur keine Gleichgültigkeit.

Jedes Jahr entluden sich diese Gefühlsregungen an den immer gleichen Fragen: Ist der Kennerblick der Jurymitglieder tatsächlich so unbestechlich und ausschließlich der ungetrübten Neutralität verpflichtet? Bleibt er unbeeinflusst von populistischen Trends und Interessen einzelner Häuser? Ohne es genau zu benennen, wollte man an die übersinnlichen Fähigkeiten der Juroren glauben, die, wenn sie nur wollten, eine absolut gerechte Wahl treffen würden. Aber leider, leider wollten sie es wohl nicht. Und so wurden die Ergebnisse weiter heftig diskutiert.

Wie aufgebracht aber, verzweifelt oder kritisch die bei dem Preis nicht Berücksichtigten, und das ist ja immer die Mehrheit, auch waren – der Nestroy-Preis war auch für sie wichtig. Auch für uns am Volkstheater. Er peitschte an, inspirierte, stellte unsere Arbeit in größere Zusammenhänge und unterwarf sie dem Wettbewerb der Besten.

Happy Birthday, lieber Nestroy, mögest Du uns weitere 25 Jahre in Aufregung versetzen.

Anna Badora
Regisseurin

Ich glaube, für Kunstschaffende sind Preise so lange unwichtig, solange sie nicht nominiert sind. Für mich persönlich waren Preise in den Anfangsjahren hilfreich, um überregional wahrgenommen zu werden. Nachwuchspreise sind eine Chance für die junge Generation, ich befürworte das sehr.

Die meisten Theatergeher:innen haben ihr Lieblingstheater, die Nestroy-Gala ist eine wunderbare Gelegenheit, um etwas von anderen Theaterhäusern mitzubekommen. Die Gala erweitert den Horizont, weil innerhalb kürzester Zeit viel vom Reichtum und der Vielfalt der österreichischen und vor allem der Wiener Theaterlandschaft gezeigt wird.

Für das Volkstheater war der Preisregen rund um *humanistää!* ein Segen. Die vielen Auszeichnungen haben zu einem Imagewandel beigetragen: Das Volkstheater wird nicht mehr als Sorgenkind der Wiener Kulturlandschaft wahrgenommen, sondern als Bühne, auf der qualitätsvolle Inszenierungen zu sehen sind. Der Nestroy-Preis vermag Neugier zu wecken, ist vielleicht ein Ansporn, um wieder einmal ins Theater zu gehen. Was will man mehr?

Kay Voges
Regisseur und Intendant

„Meine Zeichen sind meine Zeugen“

ELFRIEDE JELINEK erhielt 2021 den Nestroy-Preis für das Lebenswerk. Ihre aus diesem Anlass verfasste DANKESREDE liegt hier erstmals gedruckt vor.

„Leute von Gewicht erkundigten sich nach Erichs Befinden. Der dichtete.“ So beginnt *Dienstmädchen und Dichter* von Robert Walser. Was soll ich sagen? Leute von Gewicht haben mein Lebenswerk für preiswürdig befunden und werden mir etwas von Gewicht aushändigen, wofür ich mich herzlich bedanke, und zwar ganz unironisch, eher melancholisch, weil das Leben bald vorbei ist und das Werk mit ihm gehen wird oder auch nicht. Da habe ich lieber jetzt schon diesen schönen Preis. Das Gewicht der Leute, das manchmal schwer auf mir lastet, wenn sie ihre Meinung auf meinen Kuchen draufsprühen, der mir dann wieder im Magen liegen wird, dieses Gewicht spüre ich oft, wenn ich dichten oder schlafengehen will, um mich vom Dichten zu erholen. Ob mein Werk mit mir gehen wird? „Willst du mit mir gehn, wenn mein Weg ins Dunkel führt, wenn mein Tag schon Nachtwind spürt?“, das sang Anfang der siebziger Jahre die Schlagersängerin Daliah Lavi. Niemand kann es wissen. Keine Leute können es wissen, ob mein Lebenswerk oder ein Teil davon bleibt, und selbst wenn es bei einem kleinen Teil bliebe, würde doch vielleicht jeder einen andren kleinen Teil behalten wollen, und so würde sich mein hinterlassenes, dann verwaistes Werk möglicherweise wieder zusammensetzen lassen wie ein Mosaik, wie es in meinem Fall schließlich sehr oft im Theater entsteht.

Ist das nicht fein, daß ich mir zumindest Aufzeichnungen davon anschauen kann? Die Technik erlaubt mir diese Freude, der ich selbst nicht mehr nachgehen kann. Ich kann buchstäblich mit meinem Werk nicht mehr mitgehen. Und im Theater ist das Werk das, was jeden Abend neu entsteht, jedesmal ein wenig anders, aber nie: als etwas anderes. George Tabori hat genau das als die große Stärke des Theaters bezeichnet. Vielleicht will es, will dieses Werkel immer dasselbe, wie viele sagen, wenn ich meine ewiggleiche Leier drehe, nicht barfuß auf dem Eise, sondern in bequemen Haussocken, vielleicht also wird es mir das einmal vergelten und dafür nicht mit mir ins Dunkel (oder, wie manche es sich gern vorstellen: ins Licht) gehen. Und ich habe auch eine Scheu, ihm nachzugehen, vielleicht fühlt es sich dadurch belästigt? Es kann doch schon alleine gehen, man muß es nicht kontrollieren. Am Theater kann es das aber nur, wenn wieder andre, nicht nur ich, ihm sagen, wohin es geht, wo es langgeht, aber

Elfriede Jelinek, Nestroy-Preisträgerin 2013 und 2021

nicht zu lang, und es sich auf ihre Schultern laden. Manchmal muß man es auch irgendwo hineinprügeln, aber nach einer gewissen Eingewöhnungszeit fühlt es sich dann meist recht wohl. Ehrlich gesagt, und wenn man schon so anfängt, lügt man vielleicht gerade, aber ich nicht, ich lüge ständig, jetzt aber bin ich außer Dienst und tue es nicht, ehrlich gesagt also ist die Arbeit, die ein Regisseur, eine Regisseurin, Schauspieler und Schauspielerinnen und alle, alle, die an einem Theaterstück Hand anlegen, bis es sich losreißt und allein weitergeht, die schwerste, die mindestens so viel Bewunderung verdient, wie ich sie jetzt mit meinem Lebenswerk-Nestroy bekomme.

Meine Zeichen sind meine Zeugen, aus dem Zeugen wird ein Zeigen, mein Zeugerl steht nicht am Graben, es ist recht mobil und kann überall hinfahren, beladen mit den Zeugen meiner Erzeugnisse, die oft lang dran arbeiten müssen, daß überhaupt etwas auf einer Bühne erzeugt werden kann. Meine Zeichen sind, wie die meisten Zeichen, die das fleißige Elektron aufzeichnet, eher klein, aber wenn sie gestemmt werden müssen, können sie ganz schön schwer sein. Gedacht sind sie als Wegzeichen, Flurzeichen, Pflöcke oder Steine, auf denen draufsteht, wem dieser Besitz gehört, den sie umgrenzen oder dem sie freie Fahrt gewähren, in die richtige Richtung natürlich, und die richtige ist selbstverständlich immer die, die ich vorgebe. Doch jede dieser Wegmarken weist in eine bestimmte Richtung, allerdings jede in eine andre, und sie alle verweisen damit alle andren von ihren Irrwegen auf die richtigen. Und ein Irrweg ist immer der, den ich nicht gehen will und auch andren nicht freigeben will, damit sie sich nicht verrennen. „Willst du mit mir gehn, wenn die Zeit mich nicht mehr heilt?" ... Ich bin zwar freigebig, aber alles hat seine Grenzen, nicht wahr. Und meine Grenzen sind die, die alle, die am Theater meine Arbeit zum Leben erwecken, wie man so sagt, wiederum mir setzen und dabei etliche Grenzpfähle versetzen, von der ersten in die letzte Bank und umgekehrt.

Die Körper, die Bühne, alles, was der Fall ist, kann fallen oder wird zu einer Falle, in der meine Bühnentexte sich fangen können, was leicht geschehen kann. Sie müssen rechtzeitig ausweichen, damit sie sich nicht verfangen oder ich mich womöglich selber in ihnen fange, sondern daß ich mich eher erfange, im Schreiben erfange vom Leben, dessen Aspekte ich zu zeigen suche, einmal diese, einmal die anderen, je nachdem. Doch daß es mir gutgeht und ich mir nicht wehtue, ist nicht die Aufgabe meiner Arbeiten. Andrerseits aber muß ich rechtzeitig ausweichen, bevor diese Falle zuschnappt. Wenn ich mir meine Stücke, meist allein, auf einem Bildschirm anschaue, schreie ich manchmal auf vor Schmerz, weil es mich erwischt hat, daß etwas, das ich geschrieben habe, der Bühne nicht genügt hat. Je mehr sie, alle Mitwirkenden an dem Theaterabend, der ja immer schon vergangen ist, wenn ich ihn mir anschaue, meinem Text strenge Verweise erteilen, obwohl ich doch auf etwas ganz andres verweisen wollte, desto geglückter scheint mir dieser Verweis, der auch eine Bestrafung sein kann, ja sogar sein soll. Ich verweise zum Beispiel gern Fetzen der antiken griechischen Dramatiker auf ihre neuen Plätze, die sie bei mir reserviert bekommen haben, obwohl sie wahrscheinlich ganz woandershin wollten. Sie können sich nicht mehr wehren, können nicht sagen, ob sie ausgerechnet dort wieder auferstehen wollen, denn vielleicht wollten ja auch sie mit ihren eigenen Schöpfern mitgehen, wurden aber immer wieder zurückgeholt, wie Orpheus seine Eurydike zurückgeholt hat, sich dann aber leider, im falschen Moment, weil er keine Schritte von ihr hörte, nach ihr umgedreht hat und dafür von den Kritikern zerrissen worden ist, obwohl er doch so schön spielen und singen konnte. Sogar seinem Kopf, der dereinst singend auf dem Wasser dahintreiben sollte, mußte ein Gott extra befehlen, endlich zu schweigen. Das war gemein, aber es war ganz sicher anders gemeint, nicht so böse. Trotzdem. Ich habe mein Leben versaut, schreibt mir eine berühmte Künstlerin. Legionen von Künstlerinnen konnten das auch von sich sagen. Ich nehme mir dafür sofort alles, was ich erwischen kann, auch fremde Leben, und treibe die glitschige Sau dann über die Bühne und hinein in unser Dorf.

Das Theater ist
für mich DER Ort der Widersprüche.
Heimat und Asyl
Versteck und Mittelpunkt
Verzweiflung und Euphorie
Liebe und Hass
Neid und Vergönnen
Eifersucht und Vertrauen
Begegnung und Einsamkeit
Ort der Erkenntnis und der Fragen

Warum bin ich hier, warum muss ich gehen?
Spiegel und Darkroom
Rätsel und Lösung
Exzess und Disziplin
Stille und Lärm
Hürde und Sprungbrett
Geld und Armut
Sinn und Unsinn
Alles oder Nichts

Und all das hätte ich gerne schon früher gewusst ...
Und bin doch froh, es immer noch nicht verstanden zu haben.
Gelehrt hat mich das Theater, dass es mindestens so vielfältig ist wie das Leben.
Leben und Tod ist Theater.

Michael Maertens
Schauspieler

Sich als Schauspielerin mit dem Menschsein an sich beschäftigen zu dürfen, ist ein großes Geschenk, für das ich täglich dankbar bin. Menschsein findet unter so grundlegend verschiedenen Voraussetzungen und in so unterschiedlichen Gefühlswelten statt, und doch einen uns letztlich dieselben Grundbedürfnisse, Sehnsüchte und Ängste. Das ist, glaube ich, die Botschaft, die mich in meinem Beruf antreibt: Dass wir Menschen – so verschieden und konträr wir alle zu sein glauben – im Herzen doch eins sind.

Claudia Kottal
Schauspielerin

„Schnitzler? Ist das eine Speise?“

1985 suchte das Burgtheater in einer Annonce wortwörtlich eine „Nachfolgerin für Gertraud Jesserer“. REGINA FRITSCH sah die Anzeige, sprach vor und wurde engagiert. Da war sie 21. Die vielfach preisgekrönte Schauspielerin ist einer der letzten noch unkündbaren Burgtheater-Stars. Sie hat in 39 Jahren persönliche und künstlerische Umbrüche erlebt, mitgetragen – oder sich davon distanziert.

Von Eva Maria Klinger

Sie sind ordentliche Universitätsprofessorin und Kammerschauspielerin. Wie möchten Sie angesprochen werden?

Frau Fritsch.

Also, Frau Fritsch, Sie haben bis jetzt fünf Direktoren und eine Direktorin erlebt. Was zeichnet eine gute Burgtheater-Direktion aus?

Teamplayerqualitäten und die Fähigkeit, ein großes Ensemble zu führen. Dazu muss man die Schauspieler und Schauspielerinnen und alle anderen Mitglieder auch mögen! Das ist nicht immer einfach, aber man muss der Liebhaber sein, der im Schatzkästchen Burgtheater die Edelsteine erkennt und richtig einfasst. Das war in Abstufungen der Fall, nur Matthias Hartmann besaß diese Gabe am wenigsten.

Und wer hat diese Anforderungen Ihrer Meinung nach am besten erfüllt?

Karin Bergmann! Sie hat das Ensemble und die Tradition des Hauses geliebt, im Sinne von: „Tradition ist nicht das Bewahren der Asche, sondern das Schüren der Flamme.“ Ihr Führungsstil war unaufgeregt, bescheiden, dem Haus dienend. Und sie war immer ansprechbar, stand immer zur Verfügung. Sie war wertschätzend gegenüber dem Burgtheater und seiner Geschichte. Claus Peymann habe ich auch gemocht, als Direktor geschätzt, weil er sehr authentisch und leidenschaftlich war und wusste, wie er das Burgtheater ins Zentrum des Tagesgeschehens setzen konnte, das war eine prägende und stürmische Zeit. Eine Harmonisierung von „altem“ und „neuem“ Ensemble ist ihm jedoch lange nicht gelungen. Die Gräben waren tief. Er sagte, ich bringe die Stars, hier sind keine, außer der Wessely. Gert Voss hat das damalige Ensemble in einem Interview als „leere Hülsen“ abqualifiziert, das war ziemlich arrogant und daneben.

Mit dem neuen Burgtheaterdirektor Stefan Bachmann, Ihrem siebten, haben Sie in *Verbrennungen* von Wajdi Mouawad einen ihrer größten Erfolge gefeiert. Sie wurden dafür 2008 mit dem Nestroy-Preis als Beste Schauspielerin ausgezeichnet.

Ja, alle Arbeiten mit Stefan Bachmann waren für mich sehr gut. Er begegnet uns auf Augenhöhe und ist ein wohlwollender, wertschätzender Theatermacher. Nach meinen Anfängen mit vorwiegend autoritären Regisseuren, diesen Übervätern, die so genau wussten, wie's geht, war die Begegnung mit Bachmann für mich eine Befreiung. Stefan sagte: „Ich habe keine Ahnung, wie's geht.“

Aber das war doch sicher Koketterie.

Nicht nur. So eine Aussage lässt alle einmal ausatmen und naiv werden. Ein fruchtbarer Moment! Er wollte damit belastenden Erfolgsdruck von sich halten. Wir hatten bei den *Verbrennungen* bis drei Wochen vor der Premiere noch kein fertiges Stück, wir haben vor allem am Tisch geredet. Dann plötzlich, in den letzten zwei Wochen auf der Bühne, hat er zugegriffen, umgestellt und irgendwie mit uns gezaubert. Ja, das war wirklich eine gemeinsame Sternstunde. Solche habe ich auch mit Achim Benning erlebt. In ganz anderer Arbeitsweise. Ich hab ja noch diese „Stellproben" gekannt. Es gab eine Leseprobe, danach eine Stellprobe mit dem Textbuch in der Hand und Benning sagte: Da kommst du von rechts oder links und machst dieses oder jenes. Es gab keine allzu großen Diskussionen darüber, oder gar eine Infragestellung. Claus Peymann wusste es auf seine Art auch ganz genau, er war vor allem ein Sprach-Fetischist. Er konnte bei einem Satz zigmal sagen: „Was steht hier? Ich versteh's nicht, so wie du das spielst!" Man musste die Gedanken hinter dem Text sehr genau und tief fassen, damit er zufrieden war. Dabei habe ich ihn oft verflucht, aber auch viel gelernt. Er war wie Benning immer ganz nah am Autor, das mochte ich sehr. Ich habe gut mit ihm gearbeitet. Gleich am Anfang bei *Anna und Anna* von Hilde Spiel, später in *Wilhelm Tell* und als Solveig mit Ulrich Mühe als *Peer Gynt*. Seine aufbrausende Art hat mich eher amüsiert, weil ich gespürt habe, wie sehr er für das Theater und die Literatur brennt. Claus Peymann ist ein Theatertier. Er kommt noch immer regelmäßig ins Reinhardt-Seminar und schaut sich die Aufführungen oder Vorspiele an. Wer macht das sonst noch in seinem Alter?

Und welche Direktion war für Sie persönlich die wichtigste?

Das war natürlich Achim Benning, auch wenn er nur ein Jahr mein Direktor war. Er hat mich ans Burgtheater geholt, ich war blutjung und habe alles von ihm gelernt. Er hat ja in der Peymann-Zeit weiterhin Regie geführt und mich in fast jeder Inszenierung besetzt. Es waren am Anfang kleinere Rollen, und ich lernte, daraus etwas zu machen. Achim Benning konnte mir in drei Sätzen eine Rolle erklären, später auch größere, er hat mir eine ganze Welt eröffnet, das habe ich später so nicht mehr erlebt. Und weil er auch Schauspieler war, konnte er hinreißend vorspielen, was ja heute ein No-Go ist. Ich habe dadurch immer das Wesentliche verstanden, viel besser als nach stundenlangen Diskussionen. Grundsätzlich kann ich sagen, vom Zuschauen am meisten gelernt zu haben. Wenn die Wessely, die Konradi, die Nicoletti, die Düringer, die Speiser gespielt haben, bin ich jede Vorstellung in der Gasse gestanden. Emotionen kann man nicht nachspielen, aber man lernt den Umgang mit sprachlichem Rhythmus, wie man Pointen setzt und Pausen, wie man den Raum für sich beansprucht, wie man auf Partner reagiert.

Haben Sie das nicht in der Schauspielschule gelernt?

Ich war an der Schauspielschule Krauss, da gab es zu meiner Zeit noch nicht diese Ausbildungsqualität wie jetzt. Ich habe mich nicht getraut, am Reinhardt-Seminar vorzusprechen, ich dachte, die sind zu abgehoben. Krauss hat mich gleich genommen, da bin ich geblieben. Und ich konnte schon nach eineinhalb Jahren abschließen, weil ich gleich nach der ersten Kontrollprüfung vor der Paritätischen Kommission – die Schauspielschule Krauss hatte damals kein Öffentlichkeitsrecht – die zweite erhalten habe und bald danach die dritte und letzte. Aber ich fühlte mich nicht gut ausgebildet, habe dann wirklich alles bei Achim Benning gelernt. Schauspielerin zu werden war nie ein Herzenswunsch von mir, eigentlich wollte ich zunächst Tänzerin werden, dann habe ich an der Angewandten Metalldesign bei Carl Auböck studiert, kurz die Pädagogische Akademie gestreift, aber am liebsten wäre ich Bäuerin geworden, bis heute eigentlich!

Regina Fritsch und Karlheinz Hackl in *Das weite Land*, Regie Achim Benning, Akademietheater 1999

Und was war dann Ihr Hauptmotiv für den Schauspielberuf?

Die Literatur! Als Kind hat es mich nie gereizt, mich zu präsentieren, etwas vorzuspielen. Ich war früh an inneren, psychologischen Vorgängen und auch sehr an parapsychologischen Inhalten interessiert. In meiner Pubertät habe ich Hesse, Kafka, Nietzsche, Rilke, Hölderlin, aber auch die großen Mystiker wie Rumi oder Meister Eckhardt verschlungen.

Wie geht es Ihnen heute, wenn klassische Literatur selten gespielt wird, jedenfalls nicht im Original?

Schlecht. Jeder Regisseur und jede Regisseurin ringt um Originalität. Bei den krampfhaften Um- und Neudeutungen denke ich mir jedoch oft, schade, warum schreibt und inszeniert er oder sie nicht was Eigenes? Natürlich spielt man *Kabale und Liebe* nicht mehr ausschließlich im historischen Kostüm wie bei Kortner, aber den Klassenunterschied, die Intrige, die große Liebe gibt es heute genauso. Das sind zeitlose Geschichten, die man genauso zeitlos erzählen kann. Ich brauche die krassen Aktualisierungen nicht, es hat sich mir noch nie inhaltlicher oder emotionaler Mehrwert dadurch erschlossen.

Regina Fritsch in *Verbrennungen*,
Regie Stefan Bachmann, Akademietheater 2007

Und zeitgenössische Stücke?

Das Figurenspiel ist meine Welt. Wenn zeitgenössische Autoren und Autorinnen das in ihren Stücken zulassen, wunderbar! Mit Textflächen wie zum Beispiel von Elfriede Jelinek habe ich als Spielerin jedoch wenig Freude, obwohl ihre Sprache literarisch ist – ich lese sie lieber. Auch reine Alltagssprache ist nicht immer einfach auf die Bühne zu bringen, wenn man es gerne mehrschichtig hat.

Dennoch haben Sie zuletzt in *Nebenwirkungen* mitgespielt, in dem Stück sind gesellschaftspolitische Anliegen wichtiger als künstlerische Ansprüche. Da wird im Sesselkreis über Impfzwang an einer Privatschule debattiert.

Ja, es hat etwas von einer Therapiesitzung. Die Figuren haben schon Charakter, sie definieren sich durch ihre Meinung und ihre Haltung. Es ist ein wichtiges Thema und ein interessantes Stück, das Jonathan Spector schon vor der Pandemie geschrieben hat. Prinzipiell finde ich allerdings, dass Kunst eine bestimmte Ästhetik und eine literarische Sprache braucht.

Wann haben Sie die Abkehr von der psychologisch-realistischen Spielweise bemerkt?

Ich persönlich gar nicht, weil ich mich dem Trend entzogen habe. Katie Mitchell musste ich absagen. In *Wunschloses Unglück* von Peter Handke sollte ich, eingezwängt in einen Miniraum, stereotype Handbewegungen vierzigmal exakt wiederholen, weil es für die Videoaufnahmen, die live auf die Bühne projiziert wurden, notwendig war. Auch die Hekabe in *Die Troerinnen* habe ich zurückgelegt. Die australische Regisseurin Adena Jacobs sagte, sie sei gespannt auf meine Sichtweise der Rolle. Dann stellte sich jedoch heraus, dass bereits alles von ihr vorchoreografiert und überhaupt kein Platz für Individualität war. Ich unterwerfe mich gerne einem Konzept, wenn ich etwas zu tun habe, wenn ich mich einbringen kann und nicht auf eine Marionette reduziert werde. Rebellion dieser Art begleitet mich seit meinen Anfängen. Ich war 21 Jahre alt und sollte in Claus Peymanns berühmter *Hermannsschlacht*-Inszenierung eine stumme Rolle als Teil eines von Schauspielern dargestellten schwankenden Schiffes übernehmen, da war ich so erbost und lehnte ab, ich sei keine Balletttänzerin. Da hat mich Peymann in die Direktion zitiert, warf mir eine zerknüllte Zeitung, die er gerade las, entgegen und meinte, das sei ganz tolles Theater und ich hätte die Möglichkeit, etwas Neues kennenzulernen. Zur Strafe habe ich dann zwei Jahre lang nichts gespielt, dann kam aber *Anna und Anna*. Theater ist für mich unschlagbar, wenn Persönlichkeiten auf der Bühne stehen, die Intimität und Eigenwilligkeit zulassen, das bleibt für mich die Kraft und die Zukunft des Theaters. Das Laufsteg-Theater ist für mich nur eine Mode. Auch die Dominanz eines hochtechnischen Bühnenbildes hinterfrage ich. Und ich möchte auch nicht vorher Abhandlungen lesen müssen, um ein Stück, eine Inszenierung zu verstehen. Mehr Einfachheit und Poesie wären schön.

Das heißt, es fehlt Ihnen in dem performativen, comedianhaften Spiel der Dostojewski-Moment, der einen hoch emotionalisiert, etwa weil sich ein Mensch – schuldig oder unschuldig – in einer völlig ausweglosen Situation befindet?

Ja. Das gilt sicher als altmodisch, oder es wird sofort Kitschalarm gerufen. Frauen am Rande des Nervenzusammmenbruchs spiele ich gerne. Ich mag aber auch die Dulderinnen, die Nichtbegehrten, die Lächerlichen, die Außenseiterinnen, einsame Kämpferinnen. Aber die meisten Lieblingsrollen habe ich nicht gespielt, immerhin wurde in den 30 Jahren in Reichenau vieles doch wahr.

Was hat sich denn abseits der Bühnenästhetik am Burgtheater in den letzten 40 Jahren verändert?

Auf jeden Fall geht die Tendenz weg vom autoritären Führungsstil hin zu Teamwork, sowohl in den Direktionszimmern als auch bei den

Proben. MeToo ist angekommen. Durch meine Tätigkeit am Reinhardt-Seminar bin ich die letzten Jahre nicht mehr so involviert in das Ensembleleben. Ich kenne daher viele Junge gar nicht. Grundsätzlich sehe ich auch hier einen Hierarchieabbau. In meinen Anfängen waren für mich die älteren Theatergrößen wie Wessely, Düringer, Konradi, Pluhar, Nicoletti, Dene Ehrfurcht einflößende Monolithe. Es gab kein Du, und man durfte sich nicht einfach ohne sich vorzustellen an den Tisch zu ihnen setzen. Heute ist das etwas anders. In der Kantine sagt schon der neue Lehrling: „Was willst du?"

Sie unterrichten seit 15 Jahren am Reinhardt-Seminar, seit fünf Jahren sogar als ordentliche Professorin. Wie haben sich die Studierenden verändert?

Das ist nicht leicht zu beantworten. Ich stecke mitten im Forschungsprozess. Jedenfalls ist Partystimmung angesagt. Manche haben wenig literarische Vorbildung. Da höre ich die Frage: „Schnitzler? Ist das eine Speise?" Am auffälligsten finde ich die abnehmende Lust vieler Studierender, sich mit Vielschichtigkeit der Figuren und Tiefe in Sprache und Emotion zu beschäftigen. Alle müssen ganz viel Spaß haben, dabei woke und politisch korrekt sein. Als Privatperson, ja, aber darum geht es bei den Figuren auf der Bühne nur am Rande. Die Schauspielerei ist ein besonderer Dienstleistungsberuf, er ist Arbeit an der Authentizität einer Figur, hauptsächlich selbstständige Arbeit. Das erfordert ganz viel Widmung, Genauigkeit, Disziplin, Interesse, Mut, um Grenzen zu sprengen, und ein ewiges Ringen um Wahrhaftigkeit. Spaß ist für mich keine Kategorie. Zu glauben, an der Schauspielschule wird man zum Star gemacht, ist ein großer Irrtum. Mein Deutschprofessor hat uns Albin-Skoda-Platten vorgespielt, auf die Wirkung von Sprache hingewiesen. Mich – sicher nicht alle Jugendlichen – hat das nachhaltig begeistert. Seinen *Erlkönig* hab ich bis heute im Ohr. Es hat eine Welt eröffnet.

Apropos Albin Skoda. Sie haben vor drei Jahren als erste Frau den Albin-Skoda-Ring erhalten. Das ist eine Auszeichnung für hervorragende Sprachbeherrschung.

Ich habe ihn von Sven-Eric Bechtolf bekommen, sein Vorgänger war Peter Matić, und man muss den Ring nach zehn Jahren weitergeben.

Sie sind Kammerschauspielerin, haben noch einen zweiten Ring erhalten, den Alma-Seidler-Ring, das weibliche Pendant zum Iffland-Ring, und zwei Nestroys: für Beste Darstellung einer Nebenrolle (Chantal in *Maß für Maß*) und als Beste Schauspielerin für die Nawal in *Verbrennungen*. Was bedeuten Ihnen diese vielen Auszeichnungen?

Mit den beiden Nestroys wurde ich für Rollen ausgezeichnet, die ich sehr geliebt habe zu spielen, ich kann sie daher annehmen und mich freuen. Die beiden Ringe bedeuten für mich weniger Auszeichnung als Auftrag und Vermächtnis. Deren Dimension empfinde ich so groß, dass ich gerne vergesse, ihre Trägerin zu sein, um nicht im ständigen Zweifel zu stecken, ob ich sie verdiene.

Ist nicht die Sprache das unverwechselbarste Werkzeug des darstellenden Künstlers? Ich beobachte auf den Bühnen, dass auf Sprechtechnik offenbar nicht mehr viel Wert gelegt wird. Oft geraten Sätze zu einem undeutlichen Brei aus Vokalen und verschluckten Silben. Liegt es an der Ausbildung?

Die Professoren und Professorinnen am Seminar lehren sehr bewusst Sprechtechnik. Manche Regisseurinnen oder Regisseure finden es vielleicht nicht so wichtig, dass man ab der 15. Reihe noch etwas versteht. Verständlichkeit wurde eine Zeit lang mit Pathos und Deklamationstheater gleichgesetzt, das abgeschafft werden musste. Ein Missverständnis. Sprache ist für die Bühne das wesentliche Element, das die Einzigartigkeit der Persönlichkeit auszeichnet.

Regina Fritsch in *Die Glasmenagerie*,
Regie David Bösch, Akademietheater 2018

Ändern Sie Ihre Lehrmethode in Rollengestaltung angesichts der Entwicklung zu Textflächen, Performance, Geschlechterdurchlässigkeit?

Nein, ich kann nur lehren, woran ich glaube. Natürlich werden Kontexte und Entwicklungen beleuchtet, aber die Qualität, an die ich glaube, ist zeitlos. Moden nützen sich schnell ab. Die Charakterfigur im Sinne des Autors, gepaart mit der Persönlichkeit des Schauspielers und der Schauspielerin, ist und bleibt das Zentrum meiner Arbeit.

Warum wollten Sie eigentlich verhindern, dass Ihre Tochter Alina Schauspielerin wird?

Weil ich diesen Beruf sehr schwer finde und ich weiß, dass sie ihn auch nicht als Party empfindet und lebt. Alina ist ein tiefsinniger Mensch, hat auch englische Literatur und Schriftstellerei studiert. Ich wollte sie behüten, weil man so verletzlich ist. Ein Musiker hat sein Instrument, ein Maler die Leinwand. Wir haben nur unseren Körper, uns selbst, nichts dazwischen, keinen Schutz. Ich hatte viele Krisen, der Spagat zwischen Hingabe im Spiel und dem nötigen dicken Panzer gegenüber negativer Kritik ist eine ständige Zerreißprobe. Ich bin selten gut an Premieren, ich fühle mich wie zum Schlachthof getrieben, bis heute. Zu viel Aufmerksamkeit, zu viel fremde Energie. Deswegen mochte ich es immer, mit Stefan Bachmann zu arbeiten, oder mit David Bösch. Regisseure, die mir vertrauen und wenig Erwartungsdruck erzeugen.

So müssen Sie es als Glücksfall empfinden, dass jener Regisseur, mit dem Sie viermal so gut und erfolgreich gearbeitet haben, jetzt Burgtheater-Direktor ist?

Ich kann in absehbarer Zeit in Pension gehen und habe das auch vor. Ich glaube, meine beste Zeit am Theater ist gewesen. Mir fehlen die Menschen, die nicht mehr da sind, mir fehlt die Zugehörigkeit.

Letzte Frage: Das Flüchtige einer Theatervorstellung ist wunderbar oder furchtbar?

Wunderbar! Es ist eine Metapher für das Leben. Man muss immer wieder neu anfangen.

„Keiner kann sich oben halten, Hauptsache ist, dass er von Zeit zu Zeit hinaufsteigt", schrieb Marieluise Fleißer über Buster Keaton. Damit formulierte sie eine grundsätzliche Motivation des Bühnengeschehens: Man muss hochkommen, irgendwie, und sei es nur für kurze Zeit; man muss gesehen und gehört werden, wahrgenommen werden – um bald wieder zu verschwinden, sich zu verflüchtigen, abzutauchen.

Die Liebe zum Theater nährt sich von der Magie des Augenblicks. Alles ist zerbrechlich, alles verschwindet, aber jetzt ist es da, genau jetzt, da die Menschen im Parkett mit jenen auf der Bühne die gleiche Luft einatmen. Das hat nichts Sentimentales oder Pathetisches, und doch ist es nichts weniger als das Fest des Lebens selbst, die Feier der Gegenwart.

Diese miteinander geteilte Gegenwart hat aber nichts zu tun mit den Tagesaktualitäten, die man auf unzähligen Kanälen abrufen kann; es ist vielmehr eine Gegenwart, die einen riesenhaften Echoraum in der Vergangenheit hat, die nach den Worten und Klängen des Gewesenen forscht, um das Jetzt anders begreifen zu können.

Der Umstand, dass das Theater seit zweieinhalb Jahrtausenden besteht, bezeugt seine Robustheit oder, wie man heute sagen würde, seine Nachhaltigkeit. Tausendfach totgesagt, getadelt, verspottet, als amoralisch, unwichtig, langweilig und feudal bezeichnet – oder auch propagandistisch missbraucht –, ist es noch immer da und stellt seine Fragen und Forderungen. In seinem Zentrum steht ein Pakt: Die einen spielen Welt, und die anderen schauen ihnen dabei zu. Die Spielenden selbst haben – in einer geglückten Vorstellung – nichts Belehrendes oder Besserwisserisches an sich. Vielmehr sind sie selbst Suchende, Tastende, Abstürzende und Auftauchende, und sie müssen keine Erklärungen abgeben oder Werbung für etwas machen.

Einen Großteil des Lebens am Theater zu verbringen, heißt, sich dessen Flüchtigkeit bewusst zu sein, dessen Verletzlichkeit und Endlichkeit. Das Theater ist das Leben selbst. Alle Kunst ist das Leben selbst. Es gilt, die magischen Momente zu suchen und sie miteinander zu feiern. Dass man sich nur kurz „oben" halten kann, ist nicht schlimm: Das Hinunterpurzeln gehört dazu, und man sucht von neuem. Man bleibt hungrig. Und steigt wieder hinauf.

Barbara Frey
Regisseurin

Das meiste Theater ist ein Theater um des Theaters willen. Im Grunde genommen Befriedigung bürgerlicher Bedürfnisse und Oberflächenveredelung.

Das für mich interessante Theater ist das, welches abseits der bürgerlichen Institutionen stattfindet oder sie zu sprengen droht. So war mein eigener Anspruch, um meinen Ansprüchen politischer Theaterarbeit zu genügen, abseits der Kellertheater und Guckkastenbühnen spannende Orte zu entdecken. Orte und Räume, die in sich für alle Arten von politisch relevanten Erzählungen stimmig sind, aufgeladen mit ursprünglicher Menschenschinderei und Tierleid: das ursprüngliche Kabelwerk, ein geschichtsträchtiges Industriegelände, und danach das 3raum-Anatomietheater mit einem ehemaligen Sezier-, Anatomie- und Hörsaal der früheren Veterinärmedizin.

Wobei für mich persönlich das wirklich interessante Theater im öffentlichen Raum stattgefunden hat. In Form von theatralischen Aktionen und Performances. Da die eigentliche politisch relevante Theaterkampfzone in ihrer Sprengkraft weit über das übliche Theater hinausgeht, in den Medien ein viel größeres Echo erfährt und solche Ereignisse medial als weitreichende politische Ereignisse behandelt werden. Sie scheinen nicht nur in den Feuilletons auf, wo sie einen mehr oder weniger geschlossenen, kunstaffinen Publikumskreis erreichen. Beispiele meiner diesbezüglichen Arbeiten sind die Opernball-Hitler-Performance im Zusammenhang mit der skandalösen Schüssel-Haider-Regierungsbildung 2000 und die Mediensatire im Zusammenhang mit dem international Aufsehen erregenden Amstettener Missbrauchsfall Fritzl: *Pension Fritzl*. Diese Arbeiten wurden dann auch international in TV und Presse eingehend besprochen. Theater ist für mich eben eine viel größere Verantwortung und Chance, gesellschaftspolitisch zu wirken, als es üblicherweise geschieht. Das ist das Ergebnis meiner intensiven, jahrzehntelangen Theaterreise und mein Appell an alle Theaterschaffenden. Letztendlich habe ich erkannt: Nicht ich habe Theater gemacht, sondern die gesellschaftlichen Verhältnisse und ihre Widersprüche haben mich und mein Theater gemacht.

PS: Den Nestroy-Preis haben wir, das Theater der Showinisten, für die Beste Off-Produktion erhalten: *Mein Kampf* von George Tabori. Die ja ebenfalls in einem halböffentlichen, äußerst geschichtsträchtigen Raum produziert worden ist – dem zu der Zeit noch immer bestehenden Männerwohnheim Meldemannstraße, das architektonisch und inhaltlich formal so geblieben ist, wie Hitler dort 1910 bis 1913 drei Jahre zugebracht hatte. Seine entscheidenden Lehrjahre, wie er es, bemerkenswerterweise, beschrieben hat.

Hubsi Kramar
Schauspieler und Regisseur

Erweiterung der Spielzone

Mit dem Nestroy durch Tradition und Avantgarde: Das SCHAUSPIEL hat sich im 21. Jahrhundert gewaltig verändert. Exkursion zu einem Arbeitsplatz im Umbruch.

Von Petra Paterno

Saioa Alvarez Ruiz, Xana Novais, Inga Busch, Sophie Duncan, Florentina Holzinger (v.l.) in *Ophelia's Got Talent*, Regie Florentina Holzinger, Volksbühne Berlin 2022

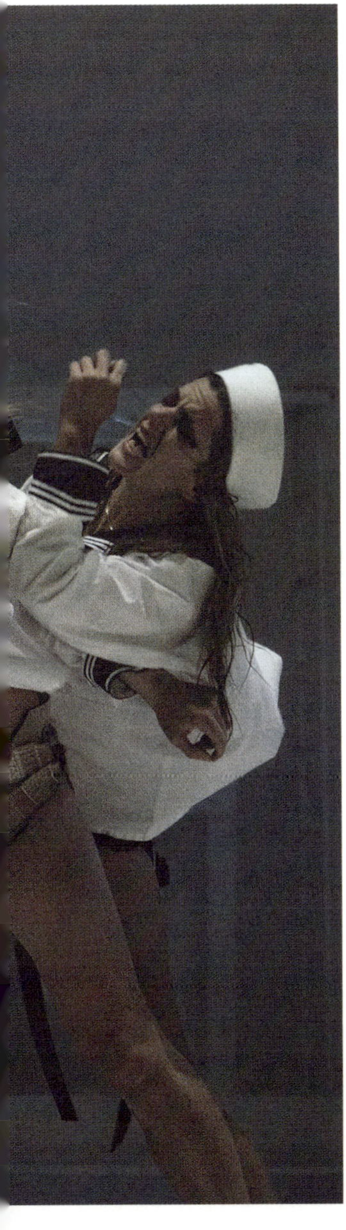

Was zeichnet eine Schauspielerin, einen Schauspieler aus? Wovon spricht man, wenn es um bemerkenswertes Schauspiel geht? Versteht man darunter jenes virtuose Spiel, wie es etwa der 2014 verstorbene Gert Voss zu entfachen verstand, geprägt von Perfektion, Konzentration und Hingabe, das für das Theaterpublikum so leicht und selbstverständlich wirkte? Oder meint man damit eine Performance, die auf Risiko setzt, keinen Tabubruch scheut? So wie Saioa Alvarez Ruiz, die kleinwüchsige und körperlich behinderte Schauspielerin, die in Florentina Holzingers Stück *Ophelia's Got Talent* unbekleidet auf der Bühne stand und der Aufführung mit Stage-Charisma zu ihren besten Momenten verhalf? Geht es bei den Menschendarstellungen auf der Bühne vornehmlich darum, die Seelenlandschaft der jeweiligen Rolle zu ergründen (wie es ein Gert Voss vermochte)? Oder zielt das Spielen auf offener Bühne nicht vielmehr darauf ab, unser Bild vom Menschsein zu verrücken (wie es Performerinnen vom Schlage einer Ruiz tun)? Voss wurde 2000 als bester Schauspieler mit dem Nestroy ausgezeichnet; Ruiz erhielt 2023 die Trophäe als beste Schauspielerin. Voss und Ruiz sind gegenüberliegende Pole, mit deren Hilfe sich illustrieren lässt, wie sich der Begriff Schauspiel im 21. Jahrhundert verändert und verästelt.

Spreng den Kanon

Die Erweiterung der Spielzone ist durch die Nestroy-Verleihungen seit 25 Jahren dokumentiert. Der Nestroy ist somit auch Beleg für jene fundamentalen Veränderungen, von denen die Arbeit der Schauspieler:innen in den vergangenen Jahrzehnten erfasst oder erschüttert wurde. Die Gleichzeitigkeit und Gleichwertigkeit unterschiedlicher künstlerischer Zugänge ist eine der Signaturen des 21. Jahrhunderts. Kunst lässt sich in keinen Kanon mehr zwängen, und gerade setzt die Künstliche Intelligenz zum Sprung an. Disruption garantiert.
Lange Zeit hielt das Theater im 20. Jahrhundert am Folgenden fest: Die Experimente der Avantgarde? Mögen ja ganz interessant sein, sind aber nicht Theater im eigentlichen Sinne. Bereits am Ausgang des Säkulums wurde diese Sichtweise massiv in Frage gestellt – und spätestens mit Beginn des 21. Jahrhunderts deutlich herausgefordert: Seitdem durchpflügen vielgestaltige ästhetische Ansätze den Bühnenboden. Vieles, was im Gegenwartstheater passiert, lässt sich mit den am klassischen Theater geschulten Kategorien – Figur, Handlung, Konflikt, Dialog – nicht mehr erschöpfend beschreiben; für die Arbeit der Spielenden bedeutet dies zugleich Erweiterung und Herausforderung. Das traditionelle Berufsbild wird aufgebrochen und ausdifferenziert, allerhand Spielweisen werden freihändig kombiniert. Uralte Bühnentechniken wie der Chor und das Spiel mit Masken werden neu belebt, dazu wird erwartet, dass die Darstellenden mit Live-Videokameras und vorproduzierten Filmen genauso selbstverständlich interagieren wie mit KI-generierten Bildern; selbst Roboter wurden als Spielpartner auf Bühnen gesichtet. Das Schauspiel im 21. Jahrhundert ist einfach kompliziert.

Von allen Kunstsparten verkörpert das darstellende Spiel wohl am unmittelbarsten die Vorstellungen, die mit dem jeweiligen Menschenbild einer Epoche einhergehen. Im 18. Jahrhundert wurde die Perfektion als Ideal ausgerufen: Schauspieler:innen sollten ihre Körper beherrschen wie Musiker:innen ihre Instrumente. Dieser Ansatz unterstellt Techniken und Methoden, die sich erlernen lassen, und geht zugleich von nachvollziehbaren Qualitätskriterien wie Aussprache und Körperbeherrschung aus. Perfektion existiert jedoch

Gert Voss und Johanna Wokalek in *Die Möwe*, Regie Luc Bondy, Akademietheater 2000

nicht ohne Werte und Normen oder zumindest eine Vorstellung davon, wie ein Hamlet oder eine Medea zu spielen sei.

Im Gegensatz dazu meidet das planvoll Nicht-Perfekte, das gegenwärtig auf vielen Bühnen zu sehen ist, nicht nur das vermeintliche Ideal der Perfektion auf der Bühne, sondern stellt darüber hinaus auch gesellschaftliche Konventionen außerhalb des Theaterraums verstärkt zur Debatte. Die Figur des „unvollkommenen" Spielenden ist ein weiteres Kennzeichen des Gegenwartstheaters – folgerichtig erobern auch Darsteller:innen ohne Schauspieldiplom die Bühnen. Diese Entwicklung lässt sich auch in den Nestroy-Nominierungen nachvollziehen: Es geht, erstens, um Authentizität: In Noam Brusilovskys *Nicht sehen* (Stadttheater Klagenfurt, 2022) sowie Victoria Halpers und Kai Krösches *Heimweh* (Darum in der Alten WU, 2023) spielten Jugendliche und Kinder mit. Dann kommt, zweitens, die Teilhabe marginalisierter Gruppen ins Spiel – siehe *Schutzbefohlene performen Jelineks Schutzbefohlene* (verschiedene Aufführungsorte, 2016) von Tina Leisch und Bernhard Dechant. Schließlich die sogenannten „Experten des Alltags" im Dokumentartheater der Marke Rimini Protokoll (*Schwarzenbergplatz*, Kasino am Schwarzenbergplatz, 2005), die Bürgerbühnen (etwa Renate Aichingers Inszenierung von Felix Mitterers *Glanzstoff*, Landestheater Niederösterreich, 2015) und überhaupt das Theater mit Laien (*Die Kinder der Toten*, Nature Theater of Oklahoma, Steirischer Herbst, 2018). Diese ästhetischen Ansätze sind verwoben mit identitätspolitischen Debatten: Wer repräsentiert wen? Wer spricht für wen?

Echte Gefühle spielen

Die Infragestellung der theatralen Repräsentation, dieser, wenn man so will, „Performative Turn", spiegelt sich beispielhaft in den Nominierungen und Auszeichnungen des Nestroy wider. In den Anfangsjahren dominierten die psychologisch-realistischen Inszenierungen von Luc Bondy (1948–2015), Peter Zadek (1926–2009) und Andrea Breth (Jahrgang 1952). Tempi passati! Seitdem hat sich das Spielfeld vergrößert. Bondys *Die Möwe* (Akademietheater) war im ersten Jahr des Nestroy-Preises die erfolgreichste Produktion und räumte gleich drei Trophäen ab; als bester *Möwe*-Schauspieler wurde Gert Voss ausgezeichnet. 2001 führte Zadeks *Rosmersholm* (Akademietheater) die Nestroy-Hitliste an; Angela Winkler und abermals Voss waren jeweils als Beste ihrer Profession nominiert. Wer in jenen Jahren mit Andrea Breth arbeitete, hatte ebenfalls gute Chancen auf einen Nestroy. Die Mitwirkenden in Breths Inszenierungen *Emilia Galotti* (Akademietheater, 2003), *Maria Stuart* (Burgtheater, 2002) oder *Das weite Land* (Salzburger Festspiele, 2002) wurden serienweise nominiert.

Breth, Bondy, Zadek. Diese Namen stehen beispielhaft für eine Regietradition, die, was die Schauspielführung anbelangt, an Legenden wie Fritz Kortner (1892–1970) und Max Reinhardt (1873–1943) anknüpft und auch das Erbe von Konstantin Stanislawski (1863–1938) antraten. Der russische Regisseur und Theatertheoretiker entwickelte um 1900 jene Schauspieltheorie, die mit Abstrichen bis heute Bestand hat und als sogenanntes Method Acting von Lee Strasberg für den Film weiterentwickelt wurde. Vielen gilt die Stanislawski-Methode noch immer als Nonplusultra des Theaterspiels, jenes Bühnengesetz des psychologischen Realismus, der die Spielenden ins Zentrum des Geschehens rückt. Die Arbeit besteht in der Verinnerlichung des dramatischen Textes, das Innenleben der Figuren soll ergründet werden, die Schauspieler:innen sollen ihre persönlichen Erfahrungen einbringen, um vor dem Publikum „echte" Gefühle hervorzurufen. „Seine geniale Regie machte die verborgene Poesie von Tschechows Prosadialog auf der Bühne lebendig" – „Diese Aufführung gehört zum Stärksten, was ich, als Zusammenspiel, auf irgendeiner Bühne gesehen habe" – „Es ist die Wahrheit – die Wahrheit": drei Jubel-Zitate des Theaterkritikers Alfred Kerr, der 1906 eine Tschechow-Inszenierung von Konstantin Stanislawski rezensierte. Nahezu wortident lesen sich Jahrzehnte später noch viele Kritiken zu den Inszenierungen von Bondy, Breth und Zadek, die allesamt für Bühnenstücke berühmt wurden, in denen die Spielenden den jeweiligen Figuren „Glaubwürdigkeit" und „Lebendigkeit" verliehen. Zeitloses Theater, scheinbar. Doch so wie sich das Bild des Menschen und seine Mittel der Selbstdarstellung verändern, wechseln auch die Mittel, mit denen auf der Bühne gespielt wird. Stanislawski konnte davon ein Lied singen, wurde er doch noch zu Lebzeiten vom herandrängenden Brecht herausgefordert. Bertolt Brecht (1898–1956) war in seinem epischen Theater so gut wie jedes Mittel willkommen, um die Identifikation des Publikums mit den Figuren auf der Bühne zu hinterfragen. Schluss mit dem Hineinsinken in plüschige Theatersessel! Analyse statt Einfühlung! Der Mensch, zeigefingerte Brecht, sei nicht nur das, wozu ihn die Umstände gemacht hätten. Jeder habe auch die Verantwortung, die Umstände zu verändern.

Update des Schauspiel-Begriffs

In den Nestroy-Nominierungen tauchen mit Ausnahme einer *Dreigroschenoper* am Volkstheater – Maria Bill erhielt 2012 für ihre Darstellung der Jenny die Auszeichnung für die beste Nebenrolle – kaum Brecht-Stücke auf, dennoch ist der Augsburger stets präsent, da das Gegenwartstheater in vielerlei Hinsicht sein Erbe antrat: Epische Stilmittel sind längst fester Bestandteil des zeitgenössischen Theaters, genauso wie das Prinzip der Verfremdung; Rollen werden häufig gegen die übliche Lesart – also „gegen den Strich" – besetzt; dass Akteurinnen und Akteure aus ihren Rollen heraustreten und frontal ins Publikum sprechen, einst ein absoluter Tabubruch, ist gängige Bühnenpraxis. Der „mitdenkende Schauspieler", den Brecht einforderte, ist im Gegenwartstheater angekommen; nicht selten entstehen Inszenierungen erst durch die aktive Mitarbeit der Schauspieler:innen. Stichwort Stückentwicklung.

Aus dem Kreis der Nestroy-Nominierungen ist die israelische Regisseurin Yael Ronen ein besonders gutes Beispiel. In vielen ihrer Arbeiten entsteht der Text in einem gemeinsamen Prozess; Beobachtungen und Recherchen der Mitglieder des Ensembles sowie deren Lebensgeschichten fließen in die Texte ein. 2015 wurden Yael Ronen und ihr Ensemble für *Lost and Found* (Volkstheater) mit dem Nestroy für das beste Stück ausgezeichnet. Bei Ronen ist die Autorenschaft der Spielenden unmittelbar gegeben; dass die Darstellenden Texte nicht nur interpretieren, sondern als (Mit-)Schöpfer:innen ihrer jeweiligen Rolle verstanden werden, ist ein Merkmal des Gegenwartstheaters – und eine völlig neue Auffassung von Schauspiel.

Noch ein weiteres Update erfährt der Begriff des Schauspiels: Das Spiel selbst kann zum Hauptereignis werden. Dieser Ansatz knüpft an die Avantgardebewegungen zu Beginn des 20. Jahrhunderts an. Der Bühnenradikale Antonin Artaud (1896–1948) koppelte etwa das Spiel völlig von der Realität ab, der gesprochene Text rückte in den Hintergrund; die Nachvollziehbarkeit der Handlung, jede Form der Rationalität wurden zu Nebensachen. Die Devise: Alles, nur ja kein psychologisches Spiel! Die Mimesis, die Kunst der Repräsentation, seit Jahrhunderten das Um und Auf am Theater, wurde als Lug und Trug enttarnt. Ein ketzerischer Gedanke, der alles, was bisher gültig war, auf den Kopf stellte. Davon hat sich das Theater dankenswerterweise bis heute nicht erholt.

Adieu Dialog! Hallo Textfläche!

Bis weit in die Mitte des 20. Jahrhunderts hinein blieben diese Sichtweisen jedoch im Abseits; erst in den 1960er-Jahren keimten sie als kühne Theorien da und dort wieder auf. Hans-Thies Lehmanns wegweisende Schrift *Postdramatisches Theater* stellte 1999 die „Verfransung der Künste“ fest, sprich: Die Bühnenmittel emanzipieren sich vom Text, gehen neuartige künstlerische Verbindungen ein. Lehmann war nicht der Erste, der diese „geschichtliche Bewegung des europäischen Theaters“ beobachtete; der Literaturwissenschaftler Peter Szondi hatte in seiner *Theorie des modernen Dramas* bereits 1956 aufgezeigt, wie das bürgerliche Drama an seine Grenzen geriet, und Erika Fischer-Lichte setzte 2004 mit der *Ästhetik des Performativen* noch eins drauf: Von der Repräsentation eines dramatischen Konflikts verschob sich das Bühnenspektrum zu einem Drama der Wahrnehmungen, bei dem die Zuschauenden zu Komplizen gemacht werden. Wieder eine Revolution, wie so oft am Theater: Es geht fortan darum, was im Zuschauerraum an Gefühlen und Emotionen ausgelöst wird. Sofern so etwas wie Text überhaupt noch zählt, zeichnet sich dieser durch polyphone, defigurative, postidentitäre Rede aus. Adieu Dialog! Hallo Textfläche!

Aber wie spielt man das? Wie „entkommen“ die Spielenden ihren jeweiligen Figuren? Den handelsüblichen Repräsentationsaufgaben?

Dem ewigen „Als ob“? Die Antwort findet sich in der Arbeit an der Form: Einar Schleef entfachte mithilfe des Chores ungeahntes spielerisches Potenzial, Robert Wilson spielt mit Entschleunigung und Stilisierung, Heiner Goebbels deckt seine Akteure mit Aufgaben zu und treibt sie kunstvoll in szenische Verzweiflung. René Pollesch wiederum nahm philosophische Texte, gesellschaftspolitische Diskurse und Filme zum Ausgangspunkt seiner Theaterarbeit. Polleschs Texte und Inszenierungen sind ein besonders gutes Beispiel dafür, wie sich Spielweisen im zeitgenössischen Theater veränderten.

Der im Februar 2024 im Alter von nur 61 Jahren verstorbene Dramatiker, Regisseur und Intendant der Berliner Volksbühne war mehrmals im Rennen um den Nestroy-Preis: Sophie Rois wurde 2004 für sein *Hallo Hotel ...!* (Kasino am Schwarzenbergplatz) als beste Schauspielerin nominiert; 2007 ging der Autor:innen-Preis für *Das purpurne Muttermal* (Akademietheater) an Pollesch selbst, und 2020 wurde *Glauben an die Möglichkeit der völligen Erneuerung der Welt* (Berlin, Friedrichstadtpalast) mit Fabian Hinrichs als beste deutschsprachige Aufführung nominiert. Pollesch gehört zu jener Generation von Theaterschaffenden, die um ein neues Verständnis von Theater ringen. Die Bühne als Kampfplatz. Das Motto: Alles steht Kopf. Kopfüber ins Theatervergnügen.

Überhitzung, Überforderung

René Polleschs Interesse galt den Zurichtungen des Körpers im Zeitalter des Turbokapitalismus. Auf seiner Leseliste findet sich etwa der Name Donna Haraway. Die amerikanische Postfeministin fordert statt vermeintlich objektiver Standpunkte eine andere, neue Art von Wissen ein, bei dem jede und jeder Verantwortung für die eigenen Positionen übernehmen solle. Pollesch nahm diesen Gedanken auf, indem er für seine Bühnenarbeit einmahnte: „Wir müssen mit jemandem reden und nicht für jemanden!“ Damit strebte er nichts weniger als die grundlegende Verschiebung der Kommunikation am Theater an. Diese Haltung grundierte auch seine von Schauspiel-Kollektiven getragenen Inszenierungen – auf der Bühne wirkte das Pollesch-Ensemble eher wie eine coole Band. In Inszenierungen wie *Hallo Hotel ...!* erkundete das Kollektiv die Beziehungen zwischen Gegenwartstheater und der längst abgespielten Fernsehserie *Hallo – Hotel Sacher ... Portier!* Filmdialoge wurden ins Theater eingebracht, das Prinzip des Schnitts radikalisiert; Fragmente von Handlung blitzten auf, die rasend schnelle Sprechweise sowie das überhitzte Spieltempo ließen so etwas wie „Figur“ und „Fabel“ gar nicht erst aufkommen. Loops, Schleifen, Wiederholungen zeichneten Polleschs Stücke aus; an die Stelle des Plots trat die absichtsvolle Überforderung – wofür Pollesch und sein Team den eindrücklichen Beweis antraten: Die Welt, in der wir leben, lässt sich nicht als klar umrissenes Sittenbild porträtieren. Stoff für gutes Theater gibt sie allemal her.

Spätestens an dieser Stelle kommt Judith Butler ins Spiel. Die amerikanische Queer-Philosophin hat für das performative Puzzle des Gegenwartstheaters bedeutende Ein- und Entwürfe geliefert, etwa das „performative Modell von Geschlecht". Im Idealfall befinde man sich, schreibt Butler, im permanenten Widerstand gegen Geschlechtszuschreibungen. Pollesch fand für Butlers Gedanken in Form des permanenten Rollentauschs eine so überzeugende wie gewitzte szenische Übersetzung.

Aber nicht allein Pollesch weicht Geschlechtergrenzen auf. Cross-Gender-Besetzungen, an sich nichts Neues am Theater, haben im Gegenwartstheater Konjunktur: Lina Beckmann wurde 2021 für ihre Darstellung von Richard III. in Karin Henkels Inszenierung *Richard the Kid & the King* (Salzburger Festspiele, Deutsches Schauspielhaus Hamburg) als beste Schauspielerin ausgezeichnet. Das sind gute Nachrichten für Schauspielerinnen, die vom klassischen Dramen-Kanon benachteiligt wurden und werden, weil die großen Heldenfiguren den Männern vorbehalten waren und die typische Frauenrolle sich nicht selten darin erschöpfte, begehrt zu werden (oder eben nicht) und früh zu sterben. Mit althergebrachten Gewissheiten wird aufgeräumt. Das Theater im 21. Jahrhundert entrümpelt sich selbst.

Mein Leben am Theater hat mich vor allem gelehrt, wie notwendig es ist, offen zu bleiben. Grenzen durchlässig zu gestalten und nie aufzuhören, um mit René Pollesch zu sprechen, die Welt zu beobachten und „die Dinge scharf zu stellen", denen ich im Leben und im Alltag begegne. Und dass eine Theaterfamilie eine Familie ist, mit allen ihren Höhen und Tiefen. Und etwas sehr Persönliches, sehr Privates und Leidenschaftliches, was in jede Figur, die ich spiele, und jeden Auftritt, den ich habe, miteinfließt. Das ist kein Job, und um 22 Uhr ist nicht Feierabend.

Ausdruck auf der Bühne und Leben und Denken gehören für mich unbedingt zusammen. Das wusste ich noch nicht, als ich an die Schauspielschule ging. Hätte ich das schon früher gewusst, wer weiß, vielleicht hätte ich gar nicht den Mut gehabt, dieses große Unternehmen, das Theater in meinem Leben ist, überhaupt in Angriff zu nehmen.

Caroline Peters
Schauspielerin

Ich hätte gern früher gewusst,

... wie unstrukturiert dieser Beruf ist! Beim Schauspiel kommt es letztlich immer anders. In der Schauspielschule ist da noch diese Struktur, die man im Beruf später nie mehr wiederfinden wird. Dabei sind, finde ich, Rituale und Routinen notwendig, um durch den Tag zu kommen. Es hat Jahre gedauert, bis ich mir eine Art innere Struktur schaffen konnte, die mir Halt gibt.

... dass mit diesem Beruf nur schwer Heimat zu finden ist, weil es ständig zu Wechseln bei Intendanz und im Ensemble kommt.

... dass es gut ist, wie man ist, das mag vielleicht simpel klingen, scheint mir jedoch essenziell. Als Schauspieler ist man ständig mit der einen oder anderen Form von Verwandlung beschäftigt, setzt sich Erwartungshaltungen aus, was einen dazu verführen kann, andere nachzuahmen, nicht mehr auf seine eigenen Stärken zu setzen. Dabei aber macht gerade die Eigenart und Individualität den Zauber der Schauspielerei aus. Im Grunde ist es einfach, dennoch schwer zu erlangen – eines der ungelösten Paradoxe des Schauspielerdaseins.

Was hat mich der Beruf gelehrt?
Die Arbeit am Theater hat mir neue Sichtweisen auf mich selbst, andere Menschen und die Welt eröffnet. Die Auseinandersetzung mit dramatischen Texten und Figuren kommt einer Entdeckungsreise zu einem selbst gleich.

Samouil Stoyanov
Schauspieler

Alles thun, was nöthig ist

Kanonkritik, Teamarbeit und Spartendurchlässigkeit: Über die wachsenden Anforderungen an die REGIE und ihre vielfältigen Handschriften heute.

Von Margarete Affenzeller

Regie ist Chefin, lässt sich frei nach Jonathan Meese behaupten[1]. Denn Regie, die Kunst des Inszenierens, hat sich in einem Zeitraum von grob einhundert Jahren selbstbewusst zur Anführerin einer Aufführung entwickelt. Bei ihr läuft alles zusammen. Regisseure und Regisseurinnen bestimmen, wo es langgeht. Dieses Selbstbewusstsein verzeihen der Regie viele bis heute nicht. Das hat historische Gründe. Denn lange Zeit kamen Theatervorstellungen zustande, ohne dass jemand künstlerisches Anrecht für sich beanspruchte.

Die daraus abgeleiteten Diskussionen um die als dominant empfundene Regie und den meist abwertend verwendeten Begriff „Regietheater" haben auch den Nestroy-Preis in den letzten 25 Jahren begleitet. Mit einer angriffslustigen Dankesrede[2] des mit dem Autor:innen-Preis geehrten Peter Turrini und einer deftigen Replik von Regisseur Nicolas Stemann erlangte der Streit zwischen Regie- und Texthoheit 2011/12 einen letzten Höhepunkt.[3] Heute, ein Dutzend Jahre später und in einer Theaterwelt mit deutlich pluralistischeren Regieansätzen, wirkt der Disput überholt. Die alten Rufe nach Texttreue sind heute weitgehend verhallt. Die Herausforderungen an die Regie sind längst anders gelagert. Die großen Innovationen der Regie finden jenseits der Textexegese statt. Regie, das bedeutet inzwischen oft Mitautorenschaft, Teamarbeit, Stoffentwicklung und eine Erweiterung der inszenatorischen Mittel dank anderer Kunstsparten.

„Die Aufführung ist das Kunstwerk"

Der Begriff Regie selbst stammt aus dem Französischen und bezeichnete ursprünglich Tätigkeiten der Verwaltung. Im Theaterkontext meinte das lange nur organisatorische und administrative Arbeiten. Der künstlerische Anspruch begann erst mit Max Reinhardt (1873–1943) so richtig zu wachsen. Der für das Max Reinhardt Seminar, die bekannte Wiener Ausbildungsstätte, namensgebende Schauspieler und Theaterleiter hatte einst durch seine effektvollen Inszenierungen dem Berufsbild Beine gemacht. Regie erhob sich ab dann zur künstlerischen Instanz mit Urheberrechtsansprüchen, und der Kult um den Regisseur als zentrale künstlerische Persönlichkeit am Theater nahm seinen Anfang. Regisseurinnen hatten hier mit wenigen Ausnahmen lange nichts zu melden.

1 Der bildende Künstler Jonathan Meese kreierte den Slogan „Kunst ist Chef", den er in dem Song „Kunst ist Chef" mit DJ Hell vertonte.

2 www.nestroypreis.at/rte/upload/downloads/2011/redeturrini.pdf

3 Ebd.

Aber auch schon vor Reinhardt schien es Hoftheaterdirektoren notwendig, Dramen „in theatralischen Schick“[4] zu bringen. So bekannte sich der Direktor des Stuttgarter Hoftheaters Feodor Wehl bereits in den 1880er-Jahren anlässlich seiner *Antonius und Cleopatra*-Inszenierung zu weitreichenden Eingriffen: „Wir haben gekürzt, hinzugesetzt, verändert, vermittelt, überbrückt, kurz, wir haben ungescheut Alles gethan, was uns nöthig schien, um dies glänzende Erzeugnis der Shakespeare’schen Muße unserer Bühne und unserem Publikum, mit einem Wort: unserer Zeit näher zu bringen und zusagend zu machen.“[5] Auch Thomas Mann zeigte in seinem Aufsatz „Versuch über das Theater“ Verständnis für die Regie als Kunst eigenen Rechts: „Ich glaube in der Tat, daß die Dichter sich im Irrtum und überheblichen Unrecht befinden, wenn sie das Theater als ein Instrument, ein Mittel, eine reproduktive Einrichtung betrachteten, welche ihretwegen vorhanden wäre, – und nicht vielmehr als etwas Selbständiges, Selbstgenügsames und auf eigene Art Produktives […]. Die ‚Aufführung‘ ist das Kunstwerk, der Text ist nur eine Unterlage.“[6]

Man könnte es auch etwas höflicher formulieren und sagen: Der Text ist der Text, aber noch kein Theater, denn dieses entsteht erst auf der Bühne unter der Mitwirkung vieler Künstler:innen aller Gewerke. Dass sich nicht nur im deutschsprachigen Raum die Position der Regie als die am stärksten steuernde Kraft eines Theaterabends etabliert hat, steht heute außer Frage und wird alljährlich durch das Berliner Theatertreffen bestätigt. Dieses rückt die zehn bemerkenswertesten Inszenierungen eines Jahres ins Rampenlicht, wobei namentlich Regisseure und Regisseurinnen ausgezeichnet werden.

Vom Despoten zum Teamwork

Beim Nestroy-Preis ist Andrea Breth mit fünf Nominierungen und drei Regie-Auszeichnungen die bis dato erfolgreichste Regisseurin. Viele Jahre als Hausregisseurin des Burgtheaters mit Wien verbunden, führte Breth neben Peter Zadek und Luc Bondy zu einer Zeit das Feld der Regie an, als sich dieses nur wenige, meist männliche Persönlichkeiten teilten. Diese Regiestars kamen den Werken des vornehmlich klassischen Dramenkanons noch mit psychologischem Realismus bei. Ihre Namen stehen für akribische Textarbeit und mit feinnerviger Darstellungskunst einhergehende Theaterabende, die auch international zu Aushängeschildern wurden. Diese *Onkel Wanjas* oder *Emilia Galottis* oder *Hamlets* waren die als Hochkultur reklamierten Höhepunkte des Theatergeschehens. Im letzten Jahrzehnt aber vollzog sich analog zum gesellschaftlichen Wandel ein Demokratisierungsprozess, der das homogene Terrain aufmischte und einer Vielzahl an Regiepersönlichkeiten Raum verschaffte. Auch weibliche, auch jüngere und auch nicht-weiße Personen inszenieren heute an großen Häusern – es ist in Sachen Diversifizierung aber noch Luft nach oben.

4 Feodor Wehl: „Fünfzehn Jahre Stuttgarter Hoftheater-Leitung“, Hamburg 1886, S. 211
5 Ebd., S. 359
6 Thomas Mann: „Versuch über das Theater“, in: *Große kommentierte Frankfurter Ausgabe. Werke, Briefe, Tagebücher*, Bd 14.1., Frankfurt a. M., 2002, S. 143 f.

Sven-Eric Bechtolf, Roland Koch und Michael König (v. l.) in *Emilia Galotti*, Regie Andrea Breth, Akademietheater 2002

Der sich synchron zu gesellschaftspolitischen Änderungen vollziehende Wandel am Theater betrifft die Position der Regie mutmaßlich sogar am meisten. Denn nicht nur sind die Player vielfältiger geworden, im Zuge der Diskussionen um Machtmissbrauch in künstlerischen Arbeitsprozessen halten am Regiesektor auch andere Arbeitsweisen jenseits von Top-down-Entscheidungen Einzug. Das despotische „Genie" ist abgeschrieben, generell wird einer auratischen Machtkonzentration heute die Absage erteilt. Regie wird inzwischen auch im Team geführt. Diese Tatsache lässt sich auch an den Nestroy-Nominierungen ablesen. Neben bewährten Regieteams wie Ben Kidd & Bush Moukarzel (Dead Center) oder Kelly Copper und Pavol Liška (Nature Theater of Oklahoma) sind auch Ad-hoc-Duos heute gang und gäbe, etwa Thomas Köck & Elsa-Sophie Jach, die 2018 für *die zukunft reicht uns nicht (klagt, kinder, klagt!)* am Schauspielhaus Wien nominiert waren. Regie- und Textarbeit gehen in diesen Konstellationen Hand in Hand und wachsen so zu einem integralen Ganzen, einer originären Theaterproduktion, die in anderer künstlerischer Besetzung kaum nachzuspielen wäre.

Das gilt für viele der erfolgreichen Regisseure und Regisseurinnen der letzten zwei Jahrzehnte. Etwa für den zwischen Netflix, Oper und Sprechtheater wechselnden Australier Simon Stone, der seine gefeierten Inszenierungen wie *Drei Schwestern* (Theater Basel, 2017) oder *Hotel Strindberg* (Akademietheater Wien in Koproduktion mit dem Theater Basel, 2018) in enger Verzahnung von Schreib- und inszenatorischem Prozess entwickelt. Der finale Stücktext ist demnach das Ergebnis konkreter Probenarbeit. Dabei geht es Stone immer darum, alte Stoffe in einen heutigen Kontext zu überführen, das Konfliktpotenzial bekannter Dramen in ein zeitgenössisches Setting zu transferieren.

Das Feld der Regieführenden hat sich also personell und identitär erweitert, wodurch auch das Spektrum an Regieformen mitgewachsen ist. Neben dem sogenannten „Literaturtheater", das sich am klassischen Kanon abarbeitet, haben sich heute viele andere Theaterformen etabliert, die ihre Schwerpunkte jenseits des Textes setzen und sich auf vielfältige Ausdrucksweisen konzentrieren. So sind Bühnenexperten und Künstlerinnen aus Nachbardisziplinen dabei, das Theater zu erneuern. Choreografinnen wie Florentina Holzinger oder Gisèle Vienne machen im Theater Furore, oder Visionäre wie Alexander Giesche, der mit „visual poems" meditative Bühnenlandschaften kreiert. Oder auch Susanne Kennedy und Markus Selg, die mit bildnerischen Installationen ein immersives, technisch ausgeklügeltes Theater herstellen, das weniger Konflikt- als Erfahrungsraum ist. Ihnen allen ist gemein, dass Text nicht mehr das Nonplusultra-Element der Aufführung ist und sich ihre Inszenierungen herkömmlichen Kategorisierungen entziehen. Die Öffnung hin zu anderen Kunstsparten war dabei der gewinnbringendste Schritt.

Unverwechselbare Regiehandschriften

Regie schlägt sich also vielfach freie Bahn ohne die Last eines vorgefertigten Textes. Schon vor 30 Jahren haben Regisseure und Regisseurinnen auch an staatlichen Institutionen ihre ganz eigenen Arbeitsweisen durchgesetzt. Beispielsweise hat Frank Castorf mit seinem meist aus vielen Textquellen gespeisten, mit Bildübertragungen aus Innenräumen operierenden Theater eine neue Dimension der Intimität errungen. Seine Inszenierungen wechseln zwischen exaltierten Auftritten an der Rampe und stillen, mikrokosmischen, oft langen Monologen der Schauspieler:innen, die aus nächster Nähe gefilmt und in Großaufnahme gezeigt werden. Diese Technik wurde stilbildend für eine ganze Generation. Auf andere Weise hat der Schweizer Regisseur Christoph Marthaler Konventionen der Regiearbeit überwunden. Er hat sich zwar immer wieder mit Stückvorlagen auseinandergesetzt – etwa mit Büchners *Dantons Tod* (Schauspielhaus Zürich, 2003) oder Nestroys *Häuptling Abendwind* (Deutsches Schauspielhaus Hamburg, 2019). Dennoch wies er früh schon auf eine spätere Regiepraxis voraus, die ihre Stoffe eigens eruiert und sich unter enger Mitwirkung eines oft langfristig zusammenarbeitenden Teams (in seinem Fall mit Dramaturgin Stefanie Carp und Bühnenbildnerin Anna Viebrock) eigensinnig und frei komponierend entwickelt.

Bettina Lieder
und Samouil Stoyanov
in *humanistää!*,
Regie Claudia Bauer,
Volkstheater 2022

Schon sein legendärer Bürokratie-Abend *Murx den Europäer! Murx ihn! Murx ihn! Murx ihn! Murx ihn ab!* 1993 an der Volksbühne Berlin war ein aus einer Textzeile Paul Scheerbarts entspringender, völlig eigensinnig aus Musikcollage und stoischer Schauspielkunst gesponnener Abend der absurden Komik.

Theater ist auf diese Weise in den letzten 30 Jahren auch performativer geworden. Die darstellende Kunst hat Regiestile hervorgebracht, die an alte Ausdrucksweisen nicht mehr glauben. Die Skepsis gegenüber identifikatorischem Sprechen beispielsweise schlägt sich heute nicht zuletzt in einem performativen Schauspielstil nieder, den Volksbühnen-Regisseure schon vor drei Jahrzehnten begonnen haben zu prägen. Zu ihnen gehört neben Castorf und Marthaler vor allem auch René Pollesch, der es wie kaum jemand anderer verstand, gesellschaftspolitische Theorien (von Giorgio Agamben bis Donna Haraway) auf attraktive Weise in Theaterabende zu überführen. Sein Antrieb waren nicht die Konflikte in vorliegenden Dramen, sondern die Erkenntnisebene dahinter – beispielsweise zum Konnex von Liebe und Kapital. Auch hier sind Text und Regie ein miteinander verwobenes Gebilde. Mehr als 100 Dramen hat Pollesch geschrieben und selbst inszeniert.

Dieses veränderte Regieverständnis gab dem Theater neuen Drive. Man könnte zudem sagen, Castorf, Marthaler, Pollesch und Co. waren mit ihren selbst geschriebenen oder neu aufgeschichteten Textagglomeraten die ersten markanten Kanon-Erweiterer, die jene Dramen auf die Bühne holten, die die Theaterliteratur nicht oder nicht ausreichend hergab. In der Folge setzte sich ein Trend zur Mitautorenschaft unter Regieführenden durch, der bis heute weiter gewachsen ist. Die nächstfolgende Generation, zu der auch der bereits genannte Simon Stone gehört, betrachtet es längst als selbstverständlich, vorgefundene Stoffe für ganz eigene Erzählweisen zu adaptieren. Susanne Kennedy (2014 nominiert für *Warum läuft Herr R. Amok?*, Münchner Kammerspiele, 2014), Florentina Holzinger (ausgezeichnet für *Tanz. Eine sylphidische Träumerei in Stunts*, 2019, und *Ophelia's Got Talent*, 2022) oder, um auch internationale Vertreter zu nennen, Alexander Zeldin und Julien Gosselin, entwerfen aus dem Inszenierungsstil heraus ihre eigenen Storys und Erzählbögen. Regie und Autor:in gehen da in Personalunion auf.

Wie sehr sich Regie heute auf andere Kunstformen einlässt, sie für erweiterte Ausdrucksweisen gar nötig hat, zeigen auf exemplarische Weise die Arbeiten Florentina Holzingers. Die Wiener Choreografin gehört mit ihren großformatigen Inszenierungen, die Tanz, Martial Arts, Splatter, Stunts und Grand Guignol zu oft erschreckenden Performances verbinden, inzwischen zu den angesagtesten Regisseurinnen Europas. Auch sie hat es, wie schon Castorf oder Pollesch, auf eine Kanon-Erweiterung abgesehen und stellt klassische Stoffe mindestens auf den Kopf. Vor allem zieht sie in ihrer Regie der patriarchal grundierten Kunstgeschichte, festgeschrieben in Ballett-, Film- oder Musikliteratur, verlässlich den Boden unter den Füßen weg, indem sie Blickwinkel verschiebt und für ihre Erzählhaltungen radikale Bildübersetzungen findet, die zu ganz neuen Narrativen führen. Zumindest hatte niemand mit den im Stück *Tanz* an real durch die Rückenhaut getriebenen Fleischerhaken baumelnden Sylphiden-Stuntfrauen gerechnet. Auch hier ist Regie ein vollumfänglicher künstlerischer Prozess mit dem Team, von der Durchforstung des Kanons über die Recherche, die Konzeption und Dramaturgie bis hin zum konkreten Bühnengeschehen. Man könnte mutmaßen, dass zentrale Objekte der Inszenierung wie ein echter Helikopter, Autowracks oder Motocrossrampen ein Stück weit die klassische Regie obsolet machen.

Maschinentheater, Slapstick und Spektakel

Akribische Textarbeit und die Feierlichkeit des Sprechaktes sind aber nicht gänzlich aus der Mode gekommen. Es war im postdramatischen Zeitalter, in dem herkömmliches Dialogtheater als veraltet galt, nur schwierig, eine glaubhafte Form dafür zu finden. Ulrich Rasche ist das gelungen. Der deutsche Regisseur hat sich einen Weg gebahnt, die heute kaum mehr verständliche, kunstvolle Verssprache aus den Theaterstücken Aischylos', Schillers, Lessings oder Hofmannsthals faszinierend und mitreißend in Szene zu setzen. Rasche treibt die Sprache hydraulisch an: Riesige Laufbandmaschinen dienen den Schauspieler:innen als Bewegungsmotor für ein strenges rhythmisches, metrisches Sprechen, sodass jede Silbe Gewicht bekommt. Die Sätze wachsen aus der maschinellen Rhythmik heraus und erreichen, gerade weil sie einer Emotionalisierung ausweichen, besondere Strenge und Wirkkraft. Für *Die Räuber* am Residenztheater München wurde Rasche 2017 mit dem Nestroy-Preis für die beste Inszenierung im deutschsprachigen Raum geehrt. *Nathan der Weise*, produziert von den Salzburger Festspielen, hat das Theatertreffen Berlin 2024 eröffnet. Rasches Maschinentheater darf man auch als Bühnenkunst lesen, die sich mit ihrer Ernsthaftigkeit, ihrer Konzentration und puristischen Feierlichkeit antipodisch zum populären Neunzigminüter verhält.

In dieser wahrnehmbaren Regie-Mannigfaltigkeit liegt der große Gewinn dieser 25 Jahre, die der Nestroy-Preis mitbegleitet hat. So wie sich heute beinahe jeder Text für die Bühne adaptieren lässt – sei es Lyrik wie im Fall des Erfolgsstücks *humanistää!* nach Ernst Jandl am Volkstheater Wien in der Regie von Claudia Bauer oder ein Roman wie Michel Houellebecqs *Elementarteilchen* (Beste deutschsprachige Aufführung 2004 in der Regie von Johan Simons am Schauspielhaus Zürich) –, so sehr variieren heute auch die Inszenierungsstile und Regiehandschriften. Es gibt diesbezüglich eine Vielfalt wie kaum je zuvor. Da steht also das schmucklose, den Text zelebrierende Maschinentheater von Ulrich Rasche neben der knallbunten, sprachlosen Slapstickkunst des Herbert Fritsch; da feiert man den malerischen Märchenpomp einer Lucia Bihler oder eines Ersan Mondtag genauso wie die stille Körperkomik des Toshiki Okada oder das zirzensische Spektakel einer Florentina Holzinger.

Das Theater hatte, um konkurrenzfähig zu bleiben, in den vergangenen Jahren gar keine andere Wahl, als sich breiter aufzustellen und das Feld der Regieführenden diverser werden zu lassen – diese Erweiterungsarbeit hat erst begonnen. Schließlich will Theater weiter ein Publikum erreichen, dessen Ansprüche längst nicht bei der gepflegten Klassikerinszenierung enden. Das Publikum hat es verdient, die herausfordernden Fragestellungen des menschlichen Daseins erfrischend, weitsichtig, schockierend, jedenfalls auf überraschende oder irritierende Weise aufgetischt zu bekommen. Auch das könnte vor 140 Jahren Hoftheaterleiter Feodor Wehl mit dem „theatralischen Schick“ gemeint haben.

Das Theater ist eine Kunst, die abhängig ist von der Gemeinschaft, und die Gemeinschaft ist abhängig von der Kunst. Denn Theater und die Kunst dienen – ebenso wie die Wissenschaft – dem Fortschritt unserer Gesellschaft: mit neuen Ideen, neuen Einsichten und Ansichten. Am Theater hat mich immer fasziniert, dass es eines der existenziellsten Dinge kann, die wir für ein respektvolles und offenes Miteinander brauchen: Empathie erzeugen.

Wenn ich überlege, welche Faktoren meine Arbeit als Regisseur über die letzten Jahrzehnte hinweg am meisten beeinflusst haben, dann sind es sicherlich die Schauspieler:innen Pierre Bokma, Jens Harzer, Elsie de Brauw, Sandra Hüller oder Nicholas Ofczarek, mit denen ich immer wieder und schon seit vielen Jahren zusammenarbeite. Den Mut, in meinen Inszenierungen Zweifel zuzulassen, offen zu sein, suchend zu bleiben, Stille auszuhalten und Emotionsnuancen zu transportieren, habe ich auch ihnen und der Qualität ihrer Gedanken zu verdanken. Denn das Theater ist eine Kunst, die abhängig ist von der Gemeinschaft.

Johan Simons
Regisseur und Intendant

Meine Einsichten nach über 60 Jahren auf der Bühne:
Man lernt nie aus, und die Angst wird größer.
Das Geschenk in meinem Theaterleben war, dass ich in zwei Sprachen Theater spielen durfte. Italien hat mir noch einmal eine neue Dimension eröffnet. Das große Abenteuer war Giorgio Strehler, mit ihm Theater zu machen, war bereichernd.

Andrea Jonasson
Schauspielerin

Rausch ohne Drogen

Wer über das deutsche Theater der vergangenen 25 Jahre sprechen will, kommt an FRANK CASTORF nicht vorbei. Der Ostberliner Regisseur und Intendant hat auch in Österreich markante Spuren hinterlassen.

Von Wolfgang Kralicek

Der Name Frank Castorf ist untrennbar mit der Volksbühne am Rosa-Luxemburg-Platz in Berlin verbunden, wo er 25 Jahre lang (1992–2017) Intendant war. Aber auch in Österreich war der Ostberliner Regisseur sehr präsent. Fast 20 Castorf-Inszenierungen hatten hier Premiere; die meisten als Koproduktionen bei den Wiener Festwochen, ein paar bei den Salzburger Festspielen und ein halbes Dutzend am Burgtheater.

Als Castorf im Juni 1998 zum ersten Mal an der Burg engagiert war, war Claus Peymann noch Direktor. Wenige Monate nach Einar Schleefs berühmter Inszenierung von Elfriede Jelineks *Sportstück*, die für alle kommenden Jelinek-Interpretationen Maßstäbe setzte, war mit Frank Castorf also schon wieder ein Regie-Berserker aus Berlin am Burgtheater zugange. Besonders heikel daran war, dass Peymann ihn für die seinerzeit obligate Nestroy-Inszenierung engagiert hatte. Anders als heute gehörte die Nestroy-Pflege damals noch zum ungeschriebenen Auftrag der Burg, und sogar der an solchen Gesetzmäßigkeiten notorisch desinteressierte Peymann hielt sich daran. Allerdings hatte er mit dieser Aufgabe zunächst seinen Intendantenvorgänger Achim Benning betraut, dessen konventionelle Nestroy-Aufführungen im neuen Burgtheater Fremdkörper waren.

Umso stärker war die Irritation, die Castorf mit seinem Nestroy-Abend *Krähwinkelfreiheit* auslöste. Anstelle eines Biedermeiersalons stand eine schmucklose Sperrholzwand auf der von kaltem Neonlicht beleuchteten Bühne. Auf billigen Plastiksesseln saßen Schauspieler, die schlecht sitzende Hosen anhatten, alberne Perücken trugen und breiten Wiener Slang („Oasch!“) sprachen. Dass die Menschen in Wien ähnlich schlecht angezogen waren wie einst in der DDR, hatte Castorfs kongenialer Ausstatter Bert Neumann ganz richtig erkannt.

Krähwinkelfreiheit, im Untertitel als „Karambolage nach Nestroy“ ausgewiesen, ging auf *Freiheit in Krähwinkel* zurück, Nestroys nur wenige Monate nach der März-Revolution von 1848 uraufgeführte, sarkastische Polit-Komödie. Neben Motiven aus zwei anderen Nestroy-Stücken – *Der alte Mann mit der jungen Frau* und *Häuptling Abendwind* – fanden Zitate aus Elizabeth T. Spiras dokumentarischer ORF-Serie

Hanno Pöschl (links) und Nicholas Ofczarek in *Krähwinkelfreiheit*, Regie Frank Castorf, Burgtheater 1998

Alltagsgeschichten Eingang in das Textbuch; aber auch ein Gräuelbericht aus dem damals aktuellen Jugoslawienkrieg kam zur Sprache.

Die Collage ließ sich dramaturgisch zwar mehr oder weniger schlüssig begründen, aber dass die einzelnen Teile eine nachvollziehbare Handlung ergaben, ließ sich nicht behaupten. Die verschiedenen Vorlagen waren ineinander gefallen wie ein eingestürztes Kartenhaus, die Schauspieler:innen sprangen nahtlos von einer Rolle in die andere. Die Verwirrung, für die das immer wieder sorgte, war beabsichtigt. Manchmal führte Castorf das Publikum auch ganz bewusst in die Irre – etwa, wenn er Nicholas Ofczarek ein Zitat aus einer Rede in den Mund legte, die Jörg Haider zum 150. Jahrestag der 48er-Revolution gehalten hatte.

„Verwöhnte Ostler“

Nur ein Jahr nach *Krähwinkelfreiheit* war er schon wieder da: Als im Herbst 1999 Klaus Bachler das Burgtheater übernahm, inszenierte Castorf die Eröffnungspremiere, das Calderón-Stück *Die Tochter der Luft* in der Nachdichtung von Hans Magnus Enzensberger. Er war kurzfristig eingesprungen, nachdem die ursprünglich vorgesehene Andrea Breth erkrankt war. Es sei ein Freundschaftsdienst für die

1 *Falter*, Nr. 38/1999

Hauptdarstellerin Corinna Harfouch gewesen, die ihn vorgeschlagen habe, erklärte Castorf damals. „Ich mag die Corinna, wir sind uns auch ähnlich – verwöhnte Ostler, die nie und nirgendwo glücklich werden.“[1]

Das Talent des 1951 in Ost-Berlin geborenen Regisseurs war schon in der DDR nicht zu übersehen gewesen, und natürlich war er dem Regime suspekt. Castorf wurde als Oberspielleiter ans kleine Theater Anklam in Mecklenburg-Vorpommern berufen, eine Art Strafkolonie für schwierige Regisseure. Seine Inszenierungen, mit denen er sich schon damals den Ruf eines „Stückezertrümmerers“ erwarb, kamen bei der aus Berlin angereisten Fangemeinde deutlich besser an als beim Publikum vor Ort, und nachdem 1984 seine Inszenierung von Brechts *Trommeln in der Nacht* vor der Premiere abgesetzt worden war, war sein Engagement in Anklam beendet. 1988 brachte Castorf im 3. Stock der Volksbühne Paul Zechs Rimbaud-Stück *Das trunkene Schiff* auf die Bühne. Die tolle kleine Inszenierung, die insgesamt 105 Vorstellungen erleben sollte, gastierte 1991 bei den Wiener Festwochen im Messepalast – die erste Castorf-Arbeit in Wien.

Ab 1989, noch vor der Wende, inszenierte Castorf auch im Westen. Er war in Köln und Basel, Hamburg und München engagiert, wurde mit Lessings *Miss Sara Sampson* (Bayerisches Staatsschauspiel 1989) erstmals zum Berliner Theatertreffen eingeladen. Mit inzwischen 15 Einladungen liegt Castorf heute – hinter Peter Zadek, Claus Peymann und Peter Stein – auf Platz 4 der ewigen Theatertreffen-Rangliste.

Als Berlin nach der Wiedervereinigung seine Theaterlandschaft neu strukturieren musste, empfahl ein von dem Theaterdenker Ivan Nagel geleiteter Expertenbeirat, die Volksbühne am Rosa-Luxemburg-Platz „einer jungen Truppe, vermutlich mit Ex-DDR-Kern“ zu geben. „Bis zum Beginn des dritten Jahres könnte sie entweder berühmt oder tot sein.“[2] Gemeint war damit Castorf, der mit seiner Truppe – darunter Schauspieler:innen wie Henry Hübchen oder Silvia Rieger, der Bühnenbildner Bert Neumann und der Dramaturg Matthias Lilienthal – im Herbst 1992 tatsächlich die Volksbühne übernahm. Schon vor Beginn des dritten Jahres waren sie berühmt.

Der Erfolg der Volksbühne hatte auch mit der politischen Situation Berlins nach der Wende zu tun. Der zwischen Alexanderplatz und Prenzlauer Berg gelegene, riesige Theaterbau wurde zum Symbol für einen selbstbewussten Osten; auf dem Dach stand in großen, weithin sichtbaren Lettern „OST“ geschrieben. Die von Bert Neumann entworfene Corporate Identity bediente sich der DDR-Ästhetik und transformierte diese in eine coole Zeichensprache; das Theater, das an der Volksbühne gemacht wurde, war ohnedies viel intelligenter, wilder und sinnlicher als an den anderen Bühnen der Stadt. Die Volksbühne war für Ost und West gleichermaßen attraktiv, und sie zog auch ein Publikum an, das sich normalerweise selten ins Theater verirrt.

2 Jürgen Balitzki: *Castorf, der Eisenhändler*, Ch. Links, Berlin 1995, S. 77 f.

„Die Volksbühne hatte sich nicht aus dem Fenster gelehnt, sich nicht angebiedert, niemanden eingeladen. Sie war einfach nur da“, sagte Diedrich Diederichsen 2003 in seiner Laudatio zur Verleihung des Schillerpreises an Frank Castorf. Und: „Es ist eine zentrale Leistung, dass die Volksbühne der erste und vielleicht sogar heute noch der einzige Ort in Berlin ist, wo sich Intellektuelle und Künstler aus dem ehemaligen Ost- und dem ehemaligen Westteil der Stadt treffen, ohne

3 Carl Hegemann (Hg.): *Forever Young*, Alexander, Berlin 2003, S. 170

Frank Castorf nimmt den Lebenswerk-Nestroy (2016) entgegen

dass eine flaue Wiedervereinigungsrhetorik oder eine der zahllosen Berlin-Rekonstruktionsideen mit dieser Entwicklung zu tun gehabt hätten. Im Gegenteil: Ein klares OST steht über dem Theater, und jedem Westler ist klar, dass er diesen Umstand zu respektieren hat."[3]

Freiheit und Todesangst

Als Castorf 1998 zum ersten Mal am Burgtheater inszenierte, gab es den Nestroy noch nicht. Aber ob seine Nestroy-Inszenierung *Krähwinkelfreiheit* mit einem Nestroy ausgezeichnet worden wäre, muss aus heutiger Sicht bezweifelt werden. In den ersten 25 Jahren des Nestroy-Preises war Castorf nur dreimal nominiert, bekommen hat er den Nestroy ein einziges Mal: 2016 für sein Lebenswerk, im vergleichsweise jugendlichen Alter von 65 Jahren. „Für mich war Nestroy die Geburtsstunde des modernen Theaters", sagte er in seiner kurzen Dankesrede. „Ich hab mir auch von Anfang an gesagt: Ich will mir einen Jux machen. Und so fing das alles an – als Missverständnis, das Sie ausbaden müssen."

Dafür, dass Frank Castorf sicher der wichtigste deutsche Regisseur der Jahre um die Jahrtausendwende war, mag er in der Geschichte des Nestroy-Preises unterrepräsentiert sein. Aber zumindest der Einfluss, den seine Arbeit auf das deutschsprachige Theater hatte, schlägt sich in der Nestroy-Chronik nieder. Der Regisseur Andreas Kriegenburg (sechs Nominierungen) etwa hat ihm viel zu verdanken, auch eine Produktion wie Dušan David Pařízeks mit drei Nestroys ausgezeichnete Wolfram-Lotz-Uraufführung *Die lächerliche Finsternis* (Akademietheater 2014) ist deutlich von Castorf beeinflusst.

Castorfs Theater lebt im Wesentlichen davon, dass dieser Regisseur zwar ein ungeheuer scharfer, schneller Denker ist, es auf der Probe andererseits aber laufen lassen kann wie kein Zweiter. Die Texte, die Castorf in seinem dialektisch geschulten Kopf zusammen denkt, lassen auf der Bühne Spannungsfelder entstehen, die sich in Form von nervösen und nervigen, hysterischen und hochkomischen Schauspielexzessen entladen. „Der Dramaturg und der Regisseur Castorf schaffen eine Struktur, die das Unbewusste des Künstlers Castorf schützt", schreibt Robin Detje in seiner Castorf-Biografie. „Wüsste Castorf, was er eigentlich ausdrücken will, könnte er vor Schreck vielleicht gar nicht mehr arbeiten."[4]

Gute Castorf-Inszenierungen haben etwas von einem Trip, darin ähneln sie einem Rockkonzert. Es geht um Rausch ohne Drogen, um Ekstase ohne Sex, um Verdichtung von Leben. Um seine Schauspieler:innen in Grenzbereiche zu bringen, versucht er zu verhindern, dass diese sich zu sicher fühlen. Castorf-Premieren wirken oft noch unfertig, weil der Regisseur seine Inszenierungen nicht zu Tode proben möchte. „Es ist, als wäre er gar nicht wirklich da, jedenfalls nicht als Schöpfer des Abends", schreibt Detje. „Erst gegen Ende der

4 Robin Detje: *Castorf. Provokation als Prinzip*, Henschel, Berlin 2002, S. 138
5 Ebd., S. 139

Proben reißt Castorf alles an sich, bestimmt unter großem Druck, tobt auch und wütet. Bei der Generalprobe ist dann alles von ihm, und die Premiere sieht er sich schon nicht mehr an."[5]

„Er gibt dir viel Freiheit, aber zwischen Freiheit und luftleerem Raum ist ein schmaler Grat", sagte Nicholas Ofczarek einmal über die Arbeit mit Castorf. „Ich habe vor jeder Vorstellung Todesangst gehabt, und das hat er wahrscheinlich auch gewollt. Weil ich dann bestimmte Dinge mache, um sie zu überwinden."[6] Die Freiheit, die er den Darstellenden lässt, nützen sie und laufen in seinen Inszenierungen oft zu Hochform auf. Wer an Castorf-Aufführungen denkt, denkt unwillkürlich an Schauspielerinnen wie Kathrin Angerer, Silvia Rieger, Sophie Rois und Jeanette Spassova oder an Schauspieler wie Herbert Fritsch, Henry Hübchen, Bernhard Schütz und Martin Wuttke. Der Regie-Berserker und Stückezertrümmerer Castorf ist auch – vielleicht sogar: vor allem – ein Schauspielerregisseur.

Forever Young

Die erste Nestroy-Nominierung für Frank Castorf gab es gleich im Jahr 2000, als der Wiener Theaterpreis zum ersten Mal vergeben wurde. Seine Inszenierung *Endstation Sehnsucht*, eine Koproduktion der Salzburger Festspiele mit der Volksbühne am Rosa-Luxemburg-Platz, war in der Kategorie Beste deutschsprachige Aufführung nominiert. Aus New Orleans hat Castorf das Drama nach (Ost-)Deutschland und in eine Art Big-Brother-Container verlegt, in dem Kathrin Angerer (Stella), Silvia Rieger (Blanche) und Henry Hübchen (Stanley) einander zu nahe kommen. Sobald die Tennessee-Williams-Erben von der Inszenierung Wind bekamen, musste sie in *Endstation Amerika* umbenannt werden. Als Castorf 2003 mit *Süßer Vogel Jugend* wieder ein Williams-Drama inszenierte, tat er das dann gleich unter einem anderen Titel: *Forever Young* hieß die Inszenierung, die als Koproduktion mit den Wiener Festwochen im Museumsquartier Premiere hatte. Für einen Nestroy nominiert war die Inszenierung in der Kategorie Beste Ausstattung, wobei damit neben dem Bühnenbildner Bert Neumann ausdrücklich auch der für die Videoregie verantwortliche Jan Speckenbach gemeint war.

Seit Castorf in der Dostojewski-Adaption *Erniedrigte und Beleidigte* (Wiener Festwochen und Volksbühne Berlin 2001) zum ersten Mal mit Live-Video gearbeitet hatte, war das zu einem für seine Handschrift prägenden Stilmittel geworden. „Die Kamera hat etwas Schonungsloses, wie ein Gericht, sie geht nah ran, sie liefert Informationen, Beweise, sie denunziert auch den eigenen Wunsch, die Defizite und den Alterungsprozess zu verstecken. Sie zeigt den Menschen auch in dieser Armseligkeit", schreibt Castorf im Programmbuch zu *Forever Young*. „Das Fernsehen ist ja ein Ereignismedium, nicht, wie der Film, ein Kunstmedium."[7]

6 *Falter*, Nr. 11/2014
7 Carl Hegemann (Hg.): *Forever Young*, Alexander, Berlin 2003, S. 15

Marcel Heuperman,
Mavie Hörbiger,
Franz Pätzold und
Hanna Hilsdorf (v.l.)
in *Zdeněk Adamec*,
Regie Frank Castorf,
Burgtheater 2021

Zehn Mal haben die Festwochen eine Castorf-Inszenierung koproduziert und in Wien zur Premiere gebracht, von *Alkestis* (1993) bis *Die Brüder Karamasow* (2015). *Mit Dämonen* (1999) begann Castorf eine Dostojewski-Serie, die insgesamt sechs Inszenierungen umfasste; fünf davon waren in Wien zu sehen. Überhaupt hat Castorf sich ab den Nullerjahren hauptsächlich auf epische Stoffe verlegt, kaum noch Stücke als Vorlage genommen. Ausufernde Romane kommen seiner Montagetechnik und seinem Faible für Abschweifungen mehr entgegen als Dramentexte, in denen die Autor:innen vorgeben wollen, wie eine Szene aussieht. Castorf macht doch ohnedies, was er will.

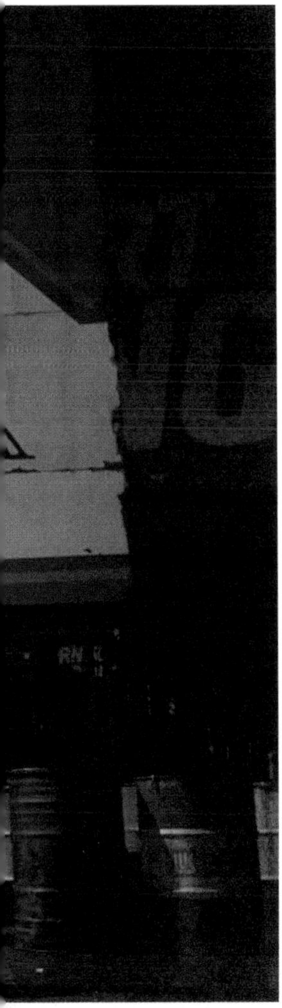

2015 beschloss der damalige Berliner Kulturstaatssekretär Tim Renner, Castorfs Vertrag an der Volksbühne nach 25 Jahren nicht mehr zu verlängern, und berief stattdessen den belgischen Kunstkurator Chris Dercon zum Intendanten. Das war, wie sich bald zeigte, eine kolossale Fehlentscheidung. Castorf nahm's schulterzuckend zur Kenntnis und verabschiedete sich 2017 mit Goethes *Faust* von der Volksbühne – einer Inszenierung, die ihm zum zweiten Mal eine Nestroy-Nominierung in der Kategorie Beste deutschsprachige Aufführung einbrachte.

Am Burgtheater hatte Castorf einst mit dem Wiener Klassiker Johann Nestroy debütiert. Zuletzt, in der Direktion Martin Kušej, hat er dort drei moderne österreichische Klassiker inszeniert: Elfriede Jelinek (*Lärm. Blindes Sehen. Blinde sehen!*, Akademietheater 2021), Peter Handke (*Zdeněk Adamec*, Burgtheater 2021) und Thomas Bernhard (*Heldenplatz*, Burgtheater 2024). Mehr als 35 Jahre nach der von einem Skandal begleiteten *Heldenplatz*-Uraufführung durch Claus Peymann konzentrierte Castorf sich auf das Exil-Thema, verortete das Drama in New York und montierte Texte von Thomas Wolfe und dem späteren Präsidenten John F. Kennedy in das Stück, in denen die US-Autoren ihre Eindrücke vom Nazideutschland der 30er-Jahre festhielten.

Typisch Castorf sind in *Heldenplatz* nicht nur die Assoziationsräume, die durch die Fremdtexte aufgemacht werden, und die entfesselten Schauspieler:innen – allen voran Birgit Minichmayr, die in den Nullerjahren eine Zeitlang Ensemblemitglied an der Volksbühne war –, sondern auch die epische Spieldauer von viereinhalb Stunden. Wobei das für eine Castorf-Inszenierung nicht einmal besonders lang ist. Es soll ruhig auch einmal anstrengend werden für das Publikum. „Manchmal vergeht einem nach sechs, sieben Stunden das Lachen", sagt Castorf. So ein Abend sei wie ein Marathonlauf. „Das Schöne an einem Marathon ist, dass man ihn nur zum Teil planen kann. Man kann sich Reserven einteilen, aber irgendwann ist es wie ein Rausch."[8]

In seinen Theaterinszenierungen imitiert Frank Castorf das Leben. Auch das Leben ist lang. Und wenn es gut läuft, kann man darin ein paar richtig wilde, schöne und auch lustige Sachen erleben.

8 *Falter*, Nr. 11/2014

Theater soll nicht mit dem Film konkurrieren! Es darf und muss auf seine Qualitäten setzen, die es einzigartig machen: die Unmittelbarkeit des gemeinsam geteilten Augenblicks, das Mittendrin-Sein!

Der Umgang mit Sprache gehört für mich zu den größten Freuden des Berufs. In meiner Laufbahn durfte ich mich mit vielen großartigen Dichter:innen auseinandersetzen. Jeder Zeit ihre Visionäre und Vordenkerinnen! Zu deren Wesen gehört es auch, der Zeit voraus zu sein. Denken wir an Thomas Bernhard, wie er einst angefeindet wurde. Inzwischen hat er längst Klassiker-Status. Oder Elfriede Jelinek. Und wie wurde Frank Castorf zu Beginn seiner Theaterarbeit vom Publikum ausgebuht! Die Besucher flüchteten türenknallend aus den Theatern, heute zählt Castorf zu den bedeutendsten Regisseuren überhaupt. Vieles davon waren prägende Erlebnisse, die mich gelehrt haben, offen und neugierig zu bleiben. Man darf gerade im Alter nicht stehen bleiben und nicht den vergangenen Zeiten nachtrauern. Nur wer sich ändert, bleibt sich treu.

Eine Veränderung am Theater, die ich sehr befürworte, ist diese: Die große Zeit der Despoten ist vorbei. Ich musste oft erleben, wie Schauspieler:innen beleidigt und klein gemacht wurden, ich selbst hätte in manch einem dieser unguten Augenblicke auch Unterstützung benötigt. Eine Auseinandersetzung miteinander auf Augenhöhe. Auch das habe ich am Theater gelernt: Du musst dir selbst helfen. Jeder steht am Ende mit seinen Ängsten alleine da.

Sona MacDonald
Schauspielerin

The Future is now.

Reset. Raus aus dem ganzen Theater, aus dem „Who is who", aus dem „Wer macht das tollere, das relevantere, das bestbesuchte, das angesagteste Zeugs?". Möchte mich mal selbst wieder fragen dürfen, warum wir das Theater machen, das wir machen, aber ... (kurz nachgedacht) ... wen interessiert das wirklich? Am Ende kommt doch immer der gleiche Kanon: „Den gesellschaftspolitisch relevanten Diskurs vorantreiben." Das steht mittlerweile auch im Mission Statement der Bühne in Hintertupfing: Schiller, Theater als moralische Anstalt. Ja, richtig, aber: nein, danke.

Ich habe einen Traum. Ich wäre gerne Teil einer hierarchiefreien Künstler:innentruppe, bestehend aus zwölf darstellenden und bildenden Künstler:innen und Autorinnen bzw. Autoren, bezahlt für ein Jahr, in einem gemeinsamen, ergebnisoffenen, täglichen Arbeitsprozess mit fixem Proberaum. Gemeinsam Themen, Arbeitsweisen, Narrationen und Skizzen erarbeiten und dann im zweiten Jahr an die Öffentlichkeit treten. Aber leider sind diese Prozesse in unserer stets produktorientierten Welt reine „Science-Fiction".

Und so schreibt der freie Markt uns weiter die immer kürzer werdenden, standardisierten Arbeitsfenster für Theaterkunst vor. Ehe sich hier etwas ändert, werden wir mit Hilfe der KI das dritte Remake von *Blade Runner* in einer ständig dunklen, regnerischen Welt im Abbruchhaus Theater erleben, in dem menschenähnliche Androiden nach ihrem Schöpfer suchen.

Ali M. Abdullah
Regisseur

Sieht aus wie Prosa, ist es aber nicht

ELFRIEDE JELINEK hat auf mustergültige Weise die dramatische Literatur der Gegenwart geprägt. Ihre Theatertexte setzen jenseits des Dialoges und des identifikatorischen Sprechens an und gehören heute zu den meistgefeierten, nicht nur im deutschen Sprachraum.

Von Margarete Affenzeller

Als der Nestroy-Preis 2000 das erste Mal vergeben wurde, forderte die Welt noch Werktreue ein. Elfriede Jelinek war mit ihren Textflächen schon damals fein raus. Niemand konnte ernsthaft denken, dicht beschriebene 200 Seiten Redestrom seien in einen rezipierbaren Theaterabend zu packen. Schon frühzeitig stellte die Autorin der Regie deshalb den Freibrief für prononcierte Zugriffe aus. 1993 gab sie in den „Wiener Theatergesprächen"[1] an, ihre Stücke seien „bewußt als Partituren angelegt, aus denen sich der Regisseur herausnehmen kann, was er will. Sie wären für die Bühne an sich auch viel zu lang". Alle Angesprochenen nützten in den folgenden Jahren das Angebot. Einar Schleef etwa gelang mit einem Massenchor von 142 Darstellenden bei *Ein Sportstück* 1998 am Burgtheater eine bis heute legendäre, die genuin performative Sprache Jelineks hervorhebende Inszenierung, ein Referenzwerk der gesamten Rezeptionsgeschichte. Auch der Rowohlt Verlag, dem Elfriede Jelinek bis heute treu geblieben ist, zeigte sich in Hinblick auf den Textanteil auf der Bühne gelassen. „Gehen Sie mit der Axt rein!", ließ man verlauten. Christoph Schlingensief kam bei *Bambiland* (Burgtheater, 2003) beinahe ohne Text aus. Und der bis dato mengenmäßig führende Jelinek-Regisseur Nicolas Stemann ließ sich sogar zu der Aussage hinreißen, die Texte würden in ihrer Aufdringlichkeit „nerven". Das mag sein, das aber macht sie für das Theater fruchtbar.

Jelineks offene Textform verlangt nach einem starken Regiewillen, und genau dieser hat sich in den letzten Jahrzehnten intensiv ausgeformt. Jelinek ist und war in dieser Zeit folglich ein wichtiges Gegenüber für die Regie. Sie fordert das Theater heraus mit ihren außerordentlichen, Sprechweisen abbildenden Texten, die sich aus diversen Quellen speisen, die Mythen und Philosophie und Nachrichten aus Trashmedien zusammenführen, also in intertextuellen Verfahren entstehen. Diese dramatische Literatur kommt wie Prosa daher, ohne Figurenrede und Regieanweisungen, und ist doch vollkommen zielgerichtet entstanden, um gesprochen und gehört zu werden.

1 *Wiener Theatergespräche*, „Ästhetische Innovationen haben sich am Theater kaum etabliert", Elfriede Jelinek im Gespräch mit Wolfgang Reiter, Falter Verlag, Wien 1993, S. 15–27

Und angeschaut! Denn der dramatische Text entfaltet seine Notwendigkeit im höchsten Maße ja erst bei der Lebendbetrachtung: Wie kommt er aus dem Mund, welcher Mund spricht – und zu wem? Das Was ist in diesem Zusammenhang womöglich gar von nachrangiger Bedeutung. Bereits Ende der 1980er-Jahre sagte Jelinek dem herkömmlichen Dramentext Baba und hinterlegte mit *Wolken.Heim* (1988) einen ersten dieser andersdramatischen Texte, einen Heimatmonolog faschistoider Zurichtung, den ein unkalkulierbares Wir vor sich hin spricht.
Subjekterzählungen waren der Autorin damals schon suspekt und im eigenen Schreiben verunmöglicht: „Jeder, der glaubt, noch individuell handeln zu können, unterliegt einem grundlegenden Irrtum, meine ich. Man kann Personen ja eigentlich nur noch als Zombies auftreten lassen oder als Vertreter einer Ideologie oder als Typenträger oder als Bedeutungsträger […], aber nicht als runde Menschen mit Freud und Leid […], das ist vorbei, ein für allemal."[2] Die wahre Bestimmung dieser Textflächen[3] – ein Begriff, den Jelinek selbst bereits 1983 für ihr Schreiben verwendet hat – ist also das Gesprochenwerden. Ewald Palmetshofer hat es so formuliert: „Es ist Schreiben, das seine Zukunft noch vor sich hat"[4], das sein Leben also erst entfaltet, wenn es in den Mund genommen wird.

2 Barbara Alms (Hg.): *Blauer Streusand. Prosa und Lyrik von Wiener Autorinnen*, Suhrkamp, Frankfurt a. M. 1987, S. 41
3 Elfriede Jelinek, „Ich möchte seicht sein", in: *Theater heute Jahrbuch*, Theaterverlag, Berlin 1983, S. 102
4 „Das Performative (nicht) schreiben", Ewald Palmetshofer im Gespräch mit Andreas Beck, in: *Postdramatik. Reflexion und Revision*, hg. von Pia Janke & Teresa Kovacs, Praesens, Wien 2015, S. 158

Elfriede Jelinek, Einar Schleef und Ensemble in *Ein Sportstück*, Regie Einar Schleef, Burgtheater 1998

Caroline Baas und
Caroline Peters (v. l.)
in *Schwarzwasser*,
Regie Robert Borgmann,
Akademietheater 2020

Als eine der produktivsten Autorinnen überhaupt lässt Jelinek bis heute nicht locker. Im Frühling 2024 feierte mit *Asche* ihr jüngstes, dem irdischen Abschied gewidmete Stück Uraufführung an den Münchner Kammerspielen. Mit den Jahren hat sich, so scheint es, die Reaktionsgeschwindigkeit noch gesteigert. Schon Mitte der 1990er-Jahre diskutierte man anlässlich von *Stecken, Stab und Stangl*, wie schnell man literarisch auf reale Geschehnisse reagieren könne und überhaupt solle. Das Stück war Jelineks rasendes Echo auf die rassistisch motivierte Ermordung vier junger Roma im Burgenland im Jahr zuvor und den diese Tat nach sich ziehenden fremdenfeindlichen Diskurs sowie die mediale Diffamierung. Niemand war schneller als Jelinek.

Die Autorin heftet sich den Katastrophen stets an die Fersen. Auf die Gletscherbahnkatastrophe von Kaprun 2000 folgte 2002 die Uraufführung von *In den Alpen*, die globale Finanzkrise 2008 fand kurze Zeit später Niederschlag in der Wirtschaftskomödie *Die Kontrakte des Kaufmanns*, die deutschen NSU-Prozesse flossen im Stück *Das schweigende Mädchen* ein, auf die Nuklearkatastrophe von Fukushima 2011 reagierte die Autorin noch im selben Jahr mit dem Text *Kein Licht*, Donald Trumps Aufstieg quittierte sie mit dem Stück *Am Königsweg* 2017. Und *Schwarzwasser* ging 2020 vom unmittelbar davor ruchbar gewordenen, sogenannten Ibiza-Skandal aus. Da konnte einfach niemand mithalten.

Die Steilvorlangen dieser brisanten Texte haben die Regie immer wieder angespornt. Die dabei erzielten inszenatorischen Erfolge lassen sich auch an der Geschichte des Nestroy-Preises ablesen. *Rechnitz (Der Würgeengel)* (2009) und *Angabe der Person* (2023), beide in der Regie von Jossi Wieler, sowie *Winterreise* (2012), inszeniert von Stefan Bachmann, gewannen jeweils den Titel Beste Aufführung im deutschsprachigen Raum. Eine wesentliche Einschränkung gab es: Hätte die Nobelpreisträgerin die Uraufführungen in Österreich in den letzten 20 Jahren nicht weitgehend untersagt – als Reaktion etwa auf die Skandalisierung ihres Stücks *Burgtheater* anno 1985 –, so wären ihr gewiss noch mehr Nestroys für ihre Stücke zugefallen als jene 2013 für *Schatten (Eurydike sagt)* und für *Schwarzwasser*, das „dank" der landesspezifischen Thematik (Stichwort Ibiza) 2020 tatsächlich innerhalb der österreichischen Staatsgrenzen Uraufführung feierte.

Mit ihren Sprachverfahren hat Jelinek im Theater jedenfalls einen Paradigmenwechsel angestoßen, der das zeitgenössische Sprechverhalten auf Bühnen und das dramatische Schreiben an sich determiniert. Jelinek ist in vielerlei Hinsicht die Urmutter einer neuen Generation von (nicht nur) deutschsprachigen Theaterautorinnen und -autoren geworden, die sich das identifikatorische Sprechen versagen. Dialoge kehren zwar wieder zurück, aber nicht als individuell-personifizierter Akt. Umgekehrt hat dies Elfriede Jelinek nie daran gehindert, von ihr verehrte Schriftsteller wie Eugène Labiche oder Oscar Wilde – wahre Dialogkaiser – mit diebischem Vergnügen ins Deutsche zu übersetzen.

Jelinek hat sich seit jeher für das aufdeckerische Potenzial der Sprache interessiert und es von Beginn an und immer intensiver genützt. Worte lauern hier einander auf, um sich dann gegenseitig zu überrumpeln und zu korrumpieren. Das soeben Gesagte und hinreichend Beglaubigte erweist sich mit einem Mal als das Falsche, und schon sitzt man in der Falle. Es ist ein abenteuerliches Vergnügen, den Redeströmen zu folgen, weil diese Satzkaskaden genauso hinterhältig sind wie die Welt selbst. Diese Technik der verschleierten Redeposition manifestiert letztlich die Autorität des eigenen Sprechens. Der Urheber, die Urheberin thront über dem Gesagten – ein Urthema der Autorin, das sie oft selbstironisch mitthematisiert. Was dazu führt, dass Jelinek gelegentlich als Figur auf der Bühne mitinszeniert wird, sichtbar markiert über die durch Nikolaus Habjans Puppe berühmt gewordene Haartolle und die zwei roten Flechtzöpfe, mit denen sie die Malerin Xenia Hausner einst porträtiert hat.

Aufgespaltene Perspektiven

Ausdruck dieses unpersönlichen, postprotagonistischen Sprechens ist die chorische Form, die die Bühne als Raum des Verlautbarens nützt, als Verkündigung bzw. Wiedergabe einer Rede jenseits eines individuellen Standpunkts. Aber auch Figuren im klassischen Sinn sind Redepositionen gewichen, und selbst diese enthalten bei Jelinek eventuell noch aufgespaltene Perspektiven. Sollte tatsächlich einmal eine namentliche Figur das Wort ergreifen, dann tut sie das gut und gerne zwölf Seiten lang, und eine andere antwortet darauf dann auf 36 Seiten. Mörderarbeit für die Regie! Im Stück *Stecken, Stab und Stangl* beispielsweise ist der Fleischer eine Stimme im öffentlichen Diskurs über die Roma-Morde. An einer Stelle adressiert er den Herrn Stab (gemeint war der hetzerische *Krone*-Kolumnist Staberl): „Sagen Sie es halt an ihrer Stelle, Herr Stab! Ach so, der bin ja ich selber!"[5] Solche überraschenden Verdrehungen liegen wie Minen im Text verstreut, sie verwirren und nötigen zur Reflexion und zum Hinterfragen. In ihrem Theateressay *Sinn egal. Körper zwecklos* anno 1990 hat es die Autorin auf den Punkt gebracht: „Die Schauspieler SIND das Sprechen, sie sprechen nicht."[6]

Man kann salopp sagen, Jelinek ist die Schiene, auf der alle dahinrollen, auch wenn sie wieder abbiegen mögen und eigene Schreibweisen ausbilden. Die Bedeutung ihres Werkes für das Theater ist vehement und Gegenstand laufender Forschungen. Kaum eine Autorin oder ein Autor der jüngeren Generation arbeitet heute ohne Referenz zu ihren Texten – Gerhild Steinbuch, Miroslava Svolikova, Kathrin Röggla, Ewald Palmetshofer, Lydia Haider, Thomas Köck, aber auch René Pollesch, um nur einige zu nennen. Während das Primat des Textes

5 Elfriede Jelinek: *Stecken, Stab und Stangl u.a.*, Rowohlt Verlag, Reinbek b. Hamburg 1997, S. 26

6 Elfriede Jelinek: *Sinn egal. Körper zwecklos*, Steidl Verlag, Göttingen 1990, zitiert nach Elfriede Jelinek: *Stecken, Stab und Stangl u.a.*, Rowohlt, Reinbek b. Hamburg 1997, S. 9

in einem Theater, das sich breitenwirksamer und konsumabler machen will, in Auflösung begriffen ist, erobern Jelineks Nachfahrinnen und Nachfahren dem literarischen Anteil eines Theaterabends neues Terrain.

Im Sarkasmus, den ihr die Realität und Medien aller Art täglich liefern und den Jelinek wie ein Müllschlucker verdaut und dann literarisch zurückschleudert, blitzt nicht zuletzt – neben der sprachkritischen Tradition Ludwig Wittgensteins und den subversiven Verfahren der Literaturavantgarde der Wiener Gruppe – auch das Erbe eines gewissen Johann Nestroy hervor. Die Komik in Jelineks Texten ist der schelmischen Subversion des Possendichters unbedingt verwandt. Auch Nestroy zog aus hinterhältigen Bedeutungsverschiebungen Gewinn. So heißt es etwa im *Zerrissenen*: „Ich war Strohwittiber, bin Strohwittiber geblieben, und das Stroh bring ich auf der Welt nicht mehr aus'n Kopf." Beide, Jelinek wie Nestroy, treten gegen den „schönen Schein" an, stellen die Verlogenheit der eigenen Spezies aus, auch die Gewalt von Herrschaftsverhältnissen.

Den Leuten ihre eigene Sprache ins Maul zurückstopfen, so beschrieb Jelinek mehrfach das Verfahren ihrer aufklärerischen Absicht. Mit ihren Sprech- und Sprachverfahren erobert Jelinek dem Theater Text- und Literaturgebiet zurück. Sie pusht das Theater, indem sie es – so wie zuvor schon Bertolt Brecht oder Heiner Müller – als einen „Ort der Geschichtsschreibung" betrachtet, wie Monika Meister schlussfolgert.[7] Die verdrängten Gräuel, die verscharrten Opfer, die laufend aufs Neue verleugneten Katastrophen zerrt Jelinek ans Tageslicht, besser: ins Rampenlicht. „Ich tackere mich an der Wirklichkeit fest, so wie sie mir dargeboten wird, amalgamiert, gereinigt, durch fremde Meinungen gefiltert"[8], sagt sie. Bekanntlich hört die Wirklichkeit nie auf.

7 Monika Meister: „Bezüge zur Theatertradition", in: *Jelinek Handbuch*, hg. von Pia Janke, Metzler, Stuttgart 2013, S. 72

8 Elfriede Jelinek: „Das Parasitärdrama", www.elfriedejelinek.com, 2011.

Bis in die 2000er-Jahre ging es beim Aktionstheater Ensemble nicht zuletzt um die Dekonstruktion dramatischer Literatur. Den klassischen Helden ging es damals schon an den Kragen. Die Grenze zwischen Protagonistin und Antagonist, die gute alte Gut-Böse-Dichotomie, war auch seinerzeit verschwommen. Am Konzept der mehr oder minder erbaulichen Geschichte, welche dem Publikum, nicht ohne Arroganz, die Welt erklärt, wurde damals schon gezweifelt. Eine Frage wurde immer dringlicher: Was hat das Ganze mit uns zu tun oder welches Theater „glaube" ich mir selbst? Schwierig.

Um mit unserer Text- oder Duktus-Generierung zu beginnen: Das Verdichten, Hochschrauben und Dekonstruieren einer „Alltagssprache", welche auf die Metaebene der Erklärung oder Reflexion verzichtet, ist immer wieder eine Herausforderung. Etwaige Erleuchtungen werden nun einzig und allein dem Publikum überlassen. Neben dem Text stellte und stellt sich die Frage, was unter oder hinter der Sprache liegen mag, deren Kraft, welcher zwar gehuldigt, aus bekannten Gründen aber zutiefst zu misstrauen ist. (Österreichs rechte Führer haben auch schon Kant studiert.) Dann bleibt noch der Körper, von dem behauptet wird, dass er weniger lügt. Und natürlich die Musik, die dann beginnt, wenn dem verzweifelten Wort die Luft ausgegangen ist.

Nicht unbedingt das Abbilden von etwaigen Missständen ist gefragt, sondern das performative Durchexerzieren von Gemütsregungen, getriggert durch ein überforderndes Außen jeglicher Art. Alle, das Publikum und wir, im selben Theater-Raum, einer der letzten Heimstätten des Analogen. Wir erleben den Wahnsinn gemeinsam und das tut gut, hat eine Zuseherin gemeint. Wir widmen uns auch unseren Sehnsüchten und Hoffnungen, möchte ich hinzufügen. Und auch, um Johann Nestroy die Ehre zu erweisen, der alles Totalitäre zersetzenden Kraft des Humors. Um dem falschen Ernst und unserer aller Eitelkeit den Garaus zu machen. Das dionysische Fest, im Gegensatz zur Ego-geshooteten und dadurch wenig sozialen Social-Media-Bühne. Theater also. Es kann wieder relevant werden! Schön für uns alle.

Martin Gruber
Regisseur

Der Nestroy-Preis war das Beste, was mir am Anfang passieren konnte. Bevor im deutschsprachigen Theaterraum über eine diverse migrantische künstlerische Stimme nachgedacht wurde, setzte dieser Preis einen Maßstab für das, was danach kommen sollte. Dieser Preis hatte den Mut, die ästhetische Frage und die soziale Frage zu verbinden und zusammenzudenken. Damals, 2006, bekam ich die Chance, mit meiner Arbeit zu Schillers *Räubern* das kulturelle Erbe, das mir in der „neuen" Heimat in den Schoß gefallen war, auszudehnen und weiterzuentwickeln. Die Anerkennung dafür erfolgte durch den Nestroy-Preis sowie später durch eine weitere Nominierung für mein Dokumentarstück *#Ersthelfer #FirstAid* (2021), welches sich mit der „Flüchtlingskrise" 2015 auseinandersetzte. Das machte mich glücklich und zeigte mir, dass ich gewollt bin. Denn als meine Eltern 1980 mit mir – ich war vier Jahre alt – wegen des Militärputsches die Türkei fluchtartig verlassen mussten, hatte die neue Heimat Deutschland für uns keinen Plan und signalisierte uns, dass wir in keiner Weise gewollt waren. Aber so ein Preis kann helfen, dass Kunstschaffende mit ihren Arbeiten sichtbar werden, und den Theaterraum dazu inspirieren, mutig zu bleiben. Mutiger zu werden, indem sie marginalisierten Menschen mit ihrer Kunst zu mehr Sichtbarkeit verhelfen.

Nuran David Calis
Regisseur und Autor

„Alles ist als Text für die Bühne lesbar geworden"

Haben Klassikeradaptionen und Dramatisierungen den klassischen Stückaufträgen inzwischen den Rang abgelaufen? Wie sehr ist die zeitgenössische DRAMATIK heute in die Theaterpraxis involviert? Ewald Palmetshofer, Gerhild Steinbuch und Bernhard Studlar im Gespräch über den erweiterten Dramenbegriff und den Marktwert von Uraufführungen.

Von Sonja Harter

Gerhild Steinbuch und Ewald Palmetshofer, Sie beide sind Mitte der 2000er-Jahre mit Ihren Stücken erstmals auf größeren Bühnen in Erscheinung getreten. 2007 waren Sie beide am Schauspielhaus Wien mit Ur- und Erstaufführungen vertreten. Wie war die Situation damals für junge Dramatiker:innen in Österreich?

Ewald Palmetshofer: Ich habe den Eindruck, dass sich die Türen damals zu öffnen begonnen haben, vor allem institutionell. Wenn ich mich richtig erinnere, hat es Anfang der 2000er-Jahre abgesehen von der Grazer Kulturinitiative UniT und dann etwas später den Wiener Wortstaetten in Österreich kaum dem Theater vorgelagerte Förderinstitutionen für Dramatiker:innen gegeben. Der Zugang zum Theater war daher schwierig. Für eine Bewerbung zu den Werkstatttagen am Burgtheater brauchte man beispielsweise neben zwei Stücktexten auch Empfehlungsschreiben von Theaterverlagen oder „theaterassoziierten Personen". Seither hat sich viel verändert. In Wien hatte das auch damit zu tun, dass das Schauspielhaus in der künstlerischen Leitung von Andreas Beck ausschließlich Gegenwartsautorinnen und -autoren gespielt hat. Das Schauspielhaus wurde quasi zum Zugang für den Nachwuchs.

Gerhild Steinbuch: Ich kenne UniT und auch die Wortstaetten von Anfang an. Es ist toll, dass diese Art der Förderung in Österreich bereits so lange existiert. Als ich anfing, gab es ein großes Interesse an neuer Dramatik wie jener von Sarah Kane und Mark Ravenhill, aber auch von deutschsprachigen Autoren und Autorinnen wie Dea Loher oder Marius von Mayenburg. Ich hatte schon den Eindruck, dass man als Nachwuchsautor:in damals Aufmerksamkeit bekommen hat und die Nachfrage nach Uraufführungen sehr groß war. Bereits damals habe ich die Tendenz wahrgenommen, dass Theater eher Uraufführungen machen als nachzuspielen. Und ich habe den Eindruck, dass es sich für Schreibende, die jetzt gerade anfangen, nochmal extrem beschleunigt hat: schneller den ersten Text liefern und die Uraufführung, aber weniger langfristige Förderung. Das finde ich schade, denn die Texte sind toll, auch über die erste Aufführung hinaus.

Herr Studlar, Sie haben zunächst als Regisseur und Dramaturg begonnen, 2000 kam dann Ihr erstes Stück heraus – vor UniT und den später von Ihnen gegründeten Wiener Wortstaetten. Wie haben Sie die damaligen Arbeitsmöglichkeiten empfunden?

Bernhard Studlar: Ich war eine Runde vor den beiden dran, wobei ich mich eigentlich gar nicht so sehr auf Österreich beziehen kann, weil ich zum Studium des Szenischen Schreibens nach Berlin an die UdK (Universität der Künste) gegangen bin. Das war damals für mich alles sehr neu und sehr überraschend, dass es diese Möglichkeit überhaupt gab. Gleichzeitig war das derart fokussiert, weil wir eine kleine Gruppe von sieben Personen waren, die da vier Jahre zusammengesessen sind und Texte geschrieben haben. Und ja, die junge britische Dramatik hat auch Schwung und Neugier nach Deutschland gebracht und den Fokus auf uns gelenkt. Das war auch eine sehr – wenn man so will – privilegierte Situation. Auch war es damals, wie von Gerhild

Gerhild Steinbuch

Ewald Palmetshofer

erwähnt, leichter als heute, was das Tempo angeht. Man hat einen Text verfasst, dann gab es eine Uraufführung, in der nächsten Spielzeit wurde das Stück zweimal nachgespielt, es wurde übersetzt und in der Spielzeit darauf noch einmal nachgespielt. Das ist heute gar nicht mehr vorstellbar für junge Autorinnen und Autoren, was wirklich extrem schade ist, weil es selten über die Uraufführung hinausgeht. Dabei ist das ja gerade interessant: wenn sich andere Regieführende mit ihren Sichtweisen und Ästhetiken nochmal mit dem Text beschäftigen und er nicht nur einmal verheizt wird und danach von der Bildfläche verschwindet.

Sie sind dann nach Wien zurückgekehrt und haben die Wiener Wortstaetten gegründet. Was war Ihnen dabei wichtig?

Studlar: Ich bin aus privaten Gründen nach Wien zurückgekehrt, aber es hat sich alles gut gefügt, weil meine Stücke damals am Burgtheater aufgeführt wurden und ich bei den dortigen Werkstatttagen involviert war. Die waren damals zwar eine ziemlich hohe Einstiegshürde, gleichzeitig war es etwas, das es in der Form heutzutage ja gar nicht mehr gibt. Ich finde es eigentlich extrem schade, dass sich ein Theaterhaus dieser Größe so etwas nicht mehr leistet. Dieser Austausch über neue Texte, dieser Werkstattcharakter ist mir persönlich als Autor einfach abgegangen, und ich dachte, es wäre schön, so etwas Kleines, Unabhängiges zu schaffen wie die Wiener Wortstaetten.

Woran liegt es aus Ihrer Sicht, dass neue Stücke mittlerweile kaum mehr nachgespielt werden?

Steinbuch: Mein Eindruck ist, dass sich Theater zu meiner Anfangszeit bei Aufträgen eher „richtige“ Stücke gewünscht haben, während die Anfragen mittlerweile oft in Richtung Adaption, Überschreibung oder Stückentwicklung gehen. Das heißt für mich nicht, dass das eine schlechter ist als das andere, sondern dass eher Texte für eine spezifische Bühne, eine spezifische Regie und einen spezifischen Cast angefragt werden. Das macht es natürlich schwieriger, nachgespielt zu werden.

Palmetshofer: Es hat vielleicht auch etwas damit zu tun, dass sich die Kulturberichterstattung in den letzten Jahren verändert hat – auch aufgrund der Pandemie. Die Feuilletons der Zeitungen werden weniger frequentiert. Im Online-Bereich geht es auch um Klickzahlen. Und die Ressorts sind finanziell weniger gut ausgestattet, weshalb die Kritiker:innen weniger reisen können. Überregional wird darum häufig nur mehr über Uraufführungen berichtet. Die Theater fragen sich, wie sie noch Medienecho bekommen können, und die Antwort lautet oft: Uraufführungen – und nicht das Nachspielen von zeitgenössischen Stücken. Das war vor einigen Jahren anders, als ich wusste, wenn ein Stück von mir nachgespielt wird, dann wird auch das in der Presse noch wahrgenommen.

Wobei sich die Frage stellt, ob ein Stück heute tatsächlich stärker oder schwächer frequentiert wird, wenn Medien berichten oder nicht.

Studlar: Ich glaube, da steckt ein Körnchen Wahrheit drin. Sollten Kritiken gar nicht mehr so wichtig sein, könnte das eigentlich auch als Befreiung gesehen werden an den Theatern, nicht nach dem potenziellen Medieninteresse zu programmieren. Weil dem Publikum ist es herzlich egal, ob es ein Stück als Uraufführung oder als erste oder zweite Aufführung sieht. Dem geht es um die Auseinandersetzung mit dem Text und mit der Inszenierung. Es ist schon absurd, dass es inzwischen etwa beim Heidelberger Stückemarkt einen sogenannten „Nachspielpreis" gibt.

Wie oft werden Ihre Stücke nachgespielt? Gibt es da ein paar Dauerbrenner oder wird das immer weniger?

Palmetshofer: Das ist sehr stoffabhängig. Die Texte altern unterschiedlich gut. *Vor Sonnenaufgang*, meine Hauptmann-Überschreibung, wird nach wie vor nachgespielt, weil sich das, was darin verhandelt wird, aufgrund des politischen Rechtsrucks nicht überholt hat. Dann gibt es aber Stücke, die quasi nicht mehr angefasst werden, obwohl sie jetzt vielleicht sogar aktueller wären als damals. Wie zum Beispiel *räuber.schuldengenital* von 2012, das durch die Klimabewegung jetzt vielleicht ein bisschen zugänglicher wäre – darin wird verhandelt, dass die ältere Generation auf Kosten der jüngeren lebt. Die Frage ist: Wie kriegt man Dinge wieder ins Gedächtnis zurück?

Steinbuch: Die Stücke, die ich geschrieben habe, als ich jung war, waren gelabelt mit „jung, poetisch und zerbrechlich“, und dieses Label hat mittlerweile in Bezug auf mich seine Verkaufslogik verloren. Ich finde das aber auch okay. Ich habe nach wie vor Uraufführungen und finde es sinnvoller, dass Theater, statt ein Stück von mir nachzuspielen, einfach einen Text von einer jungen schreibenden Person spielen. Da gibt es ja leider nur wenige Slots.

Studlar: Es liegt auch daran, dass die meisten die älteren Stücke einfach nicht kennen oder sich nicht daran erinnern, dass jemand vor zehn Jahren etwas geschrieben hat, das jetzt gut reinpassen würde. Bei Theaterstücken für Kinder und Jugendliche ist es meiner Erfahrung nach ein bisschen anders. Da werden die Stücke einfach konsequenter immer mal wieder nachgespielt, weil sie allgemeinere Fragestellungen verhandeln. Und weil du, Gerhild, die wenigen Slots für zeitgenössische Dramatik angesprochen hast: Ich glaube, dass die Theater grundsätzlich mehr Slots für zeitgenössische Dramatik schaffen sollten. Es gäbe dann einfach beides – uraufgeführte und nachgespielte Stücke.

Hinzu kommen auch Film- und Romanadaptionen, wo oft gar kein Autor oder keine Autorin involviert ist.

Palmetshofer: Adaptionen funktionieren oft stärker über das jeweilige künstlerische Team. Die Bearbeitung für die Bühne entsteht da meist zwischen Regie und Dramaturgie. Da tauchen Autoren und Autorinnen seltener auf, weil es schon im Vorfeld um einen bestimmten Regiezugriff geht. Bei Überschreibungen ist das etwas anderes. Da ist die Autorin, der Autor mit seinem oder ihrem Zugriff formprägender und kann sich den Stoff viel stärker zu eigen machen.

Steinbuch: Ich würde Überschreibungen oder Projektentwicklungen nicht schlechter bewerten wollen als einen konventionellen Stückauftrag. Es ist einfach eine andere Art von Arbeit. Ich schätze daran, dass man sehr eng mit Regie, Dramaturgie und Spieler:innen zusammenarbeitet und tatsächlich vom Schreibtisch in eine Praxis kommt und den Text auch nochmal anders erproben kann. Das mag ich total gern. Es ist nicht gut, die Dinge gegeneinander auszuspielen. Man kann es aber ganz pragmatisch aufs liebe Geld herunterbrechen, denn eine Überschreibung oder Projektentwicklung ist mindestens genauso viel Arbeit, wie ein sogenanntes „richtiges Stück" zu schreiben, aber oftmals schlechter bezahlt; und sie wird zudem kaum nachgespielt. Die Arbeit selbst kann einen aber auch von dem Druck befreien, originell sein zu müssen, es ist eine Einladung zum gemeinsamen Denken.

Studlar: Eigentlich wäre es immer interessant, näher an der Praxis dran zu sein, wenn es möglich ist. Es würde manchen Teams, die solche Stückentwicklungen auf Basis von XY machen, durchaus guttun, wenn sie sich eine Autorin oder einen Autor ins Boot holen würden.

Frau Steinbuch, Sie machen sich am Institut für Sprachkunst für kollaboratives Schreiben stark. Wo liegen da die Chancen und Herausforderungen? Verändert sich dadurch vielleicht auch nachhaltig etwas in der Dramatik?

Steinbuch: Ich glaube, es macht nicht viel Sinn, sich als Einzelkämpfer:in aufzustellen. Sinnvoller ist es, sich auszutauschen, weil ohnehin jede:r eine eigene Stimme hat und man sich nichts wegnimmt. Es gibt halt wenige Plätze, aber das ist ein strukturelles Problem und kein Konkurrenzproblem zwischen Dramatiker:innen. Diesem strukturellen Problem kann man nur gemeinsam etwas entgegnen. Ich finde das Kollaborative gut, weil man so ein bisschen die eigene Eitelkeit ablegt und sich in eine andere Schreibe reindenken muss. Man sieht Sprache und Inhalte durch die Linse der Kolleginnen und Kollegen anders und genauer an. Ich fand es bei den Texten, die wir bei „Nazis & Goldmund" gemeinsam geschrieben haben, immer toll, dass ich in den Kollektivtexten irgendwann nicht mehr wusste: Was ist jetzt von Jörg Albrecht, was von Thomas Köck, Sandra Gugić, Thomas Arzt, und was bin ich? Es ist ein Prozess des gemeinsamen Denkens im Schreiben, der sich auch im Lesen und gegenseitigen Lektorieren fortsetzt. Das finde ich sowohl für die eigene Praxis als auch strukturell wichtig.

Studlar: Ich habe diese Erfahrung schon während des Studiums an der UdK gemacht, als ich begonnen habe, mit meinem Schweizer Kollegen, Freund und Co-Autor Andreas Sauter zu arbeiten. Und ich kann das bestätigen: Es ist einfach eine Erweiterung, wenn du eben nicht nur für dich an deiner Sprache und an deinen Texten arbeitest, sondern plötzlich ein

Bernhard Studlar

lebendiges Gegenüber oder Miteinander hast. Allerdings schicken wir uns die Szenen nicht hin und her, sondern es ist ein gemeinsames Schreiben an einem Ort, wie ein Probenprozess. Dieses gemeinsame Denken, Überlegen, Ausprobieren, Lesen, Wiederschreiben, auf den Rhythmus der Sprache Achten ist natürlich etwas, was du dann im Prozess des gemeinsamen Arbeitens viel direkter und viel intensiver machen kannst, als wenn du alleine schreibst. Solche Projekte sind Erweiterung und niemals Konkurrenz.

Palmetshofer: Mit kollektivem Schreiben habe ich nicht wirklich Erfahrung. In meiner Arbeit sehe ich das Kollektive eher als Austausch mit dem jeweiligen künstlerischen Team: Wie gestaltet sich die Zusammenarbeit mit der Regie? Wie früh kann man in Fragen des Bühnenbilds miteinbezogen sein, was für mich ein total wichtiger Punkt ist. Nachdem die Sprache am Theater verräumlicht werden muss, macht es Sinn, eine Vorstellung davon zu haben, was dieser Raum fürs Sprechen sein wird. Ich finde diesen Kontakt zu den anderen Kunstformen hilfreich und wichtig.

Wie gehen Sie mit Auftragsarbeiten um, in denen das Thema vorgegeben ist? Können Sie Ihre eigenen Stoffe noch verarbeiten oder kommt zu viel von außen rein?

Steinbuch: Ich handhabe das zweigleisig und im besten Fall überlappt sich das dann. Ich habe Aufträge, was ja gut ist, weil das auch das ist, wovon man am besten lebt. Das ist besser bezahlt als ein fertiges Stück, das gespielt wird. Und dann habe ich mein eigenes Schreiben und mein eigenes Interesse, an dem ich für mich arbeite. Manchmal decken sich mein Hauptinteresse und ein Auftrag ganz, manchmal partiell, wobei ich sagen muss, dass sich auch Aufträge für mich in einem Feld bewegen müssen, das mich interessiert bzw. das mir ein neues Interesse eröffnet.

Studlar: Man kann ja bei Aufträgen auch immer noch Nein sagen. Die schlimmste Erfahrung in dem Bereich war, als wir als junge Autoren zusammen ein Auftragsstück schreiben sollten. Wir haben gefragt, worum es gehen soll, und sie sagten: „Macht, was ihr wollt!" Und als wir dann die erste Fassung abgegeben haben, hieß es: „Das ist überhaupt nicht so wie das Stück, das ihr vorher gemacht habt." Das hat einen Lernprozess ausgelöst. Bei Stückaufträgen ist es extrem wichtig, vom Theater einzufordern, was sie wirklich wollen. Es ist wichtig, das Commitment von beiden Seiten zu leben, zu sagen: „Wenn du für uns ein Stück schreibst, sind wir für dich da, und du bist für uns da." Im Grunde so, wie es Ewald beschrieben hat, dass man dann schon beim Schreiben weiß, wer die Regie macht und auf welcher Bühne das sein wird. Dann kann man schon im Entstehen einfach sehr viel zusammenarbeiten.

Herr Studlar, Sie bekommen durch das interkulturelle Autor:innentheaterprojekt der Wiener Wortstaetten auch Einblick in die europäische Dramatik. Unterscheidet sich diese von der österreichischen? Inwiefern?

Studlar: Einerseits ja, andererseits nein. In Frankreich beispielsweise sind Autoren und Autorinnen sehr oft Teil des künstlerischen Teams bzw. einzelner Compagnien und dadurch sehr nah an der Inszenierung ihrer Texte dran. In Polen oder Rumänien wiederum gibt es viele Theater, die Produktionen zeitgenössischer Stücke spielen, trotzdem ist die finanzielle Situation für die Schreibenden dort schwierig. Noch schwieriger als bei uns! Darum arbeiten einige Schreibende zusätzlich fürs Radio oder Fernsehen. In diesen Ländern, aber auch in Katalonien beispielsweise, gibt es jährlich mehrere Theaterstückpreise, da sind sie uns also voraus. Diese Unterschiede ergeben sich aus den Umständen, die in den jeweiligen Ländern ganz allgemein für Künstler:innen herrschen. Inhaltlich bzw. thematisch sehe ich weniger Unterschiede. Bei „Fabulamundi. Playwriting Europe", einem Projekt, bei dem die Wiener Wortstaetten dabei waren, aber auch ich als Autor, ging es sehr stark um Austausch und Vernetzung, und wir haben bei diesen Treffen gemerkt, dass uns alle ähnliche Fragen beschäftigen: gesellschaftliche Entwicklungen, Modelle des Zusammenlebens, Fragen nach Identität, Arbeitswelten, Beziehungen etc. Was die österreichische Dramatik aber definitiv von anderen, besonders von der deutschen unterscheidet, ist die Liebe zum Abgründigen und der Humor.

Sowohl in der Wissenschaft als auch im Journalismus kommt immer wieder die Frage auf, wie Stücke nach der Postdramatik aussehen und inwiefern das Dialogische und Narrative wieder stärker zutage tritt. Ist es für Ihr Schreiben in irgendeiner Hinsicht relevant, wo die gegenwärtige Dramatik einzuordnen ist?

Steinbuch: Aus der lehrenden Perspektive habe ich den Eindruck, dass es sehr, sehr viele unterschiedliche Formen von Theatertexten gibt, auch Formen, auf die ich selbst noch nicht gekommen bin. Und das erfüllt mich dann eigentlich immer mit Freude. Es wurde ja immer wieder gesagt, der Theatertext habe sich in der Postdramatik erschöpft und sei tot. Und wenn ich dann Texte von jüngeren Autoren und Autorinnen lese, dann sehe ich, dass das nicht stimmt, dass es weiter eine Suche, eine Freude am Theater gibt.

Palmetshofer: Ich glaube, diese Frage war vor etwa zehn Jahren stärker Thema. Im Rückblick würde ich sagen, dass das eine Phase war, die dramatische Formen geöffnet und erweitert hat. Das liegt jetzt als breites, mögliches Inventar vor uns. Auch die von der Postdramatik angestoßenen Spielweisen, wie Schauspieler:innen mit Text umgehen, und auch welche Inszenierenden an den Theatern arbeiten, haben eine Rückkopplung auf das Schreiben. Auch dass es Regieführende gibt, die sich nicht damit begnügen, die alten Klassiker gegen den Strich zu bürsten, sondern auch die Zusammenarbeit mit zeitgenössischen Schriftsteller:innen suchen. Der Begriff der Postdramatik mag alt erscheinen, aber das, was sie formell möglich gemacht hat, wirkt immer noch nach. Es gibt da ein Erbe, das man nicht vergessen, sondern wachhalten sollte.

Studlar: Wir sind an einem Punkt angelangt, wo formal alles möglich ist. Alles ist als Text für die Bühne lesbar geworden, und das wird auch von den Autoren und Autorinnen mit einem gewissen Selbstbewusstsein hineingebracht. Es ist einfach eine große Mischung und eine Vielfalt da, die ich sehr schätze, weil es ja nicht darum geht, jemanden in irgendwelche Modelle hineinzuzwängen und zu sagen: So muss Dramatik 2024 aussehen. Darüber hinaus ist es wichtig, dass Dramatiker:innen voneinander wissen, dass man sich in einem Kontext bewegt und in den Austausch tritt. Dieser Dialog ist immens wichtig. Egal ob post- oder präpost- oder post-post-dramatisch. Es ist total wurscht, wurscht-dramatisch.

Das wäre ein schönes Schlusswort ...

Palmetshofer: Ich möchte noch etwas zum Nestroy-Preis sagen und die Frage aufwerfen, welchen Anteil er mit seinem Stück-Preis an der Wahrnehmung von Dramatiker:innen in Österreich hat. Ich frage mich, ob es reicht, dass nur eine Position für Autoren und Autorinnen sichtbar gemacht wird. Vielleicht ist das zu wenig. Natürlich gibt es dafür eigene Dramatiker-Preise wie Mülheim oder Heidelberg, aber es scheint mir doch ein Punkt zu sein, über den man nachdenken könnte. Warum wird hier auf Nominierungen oder eine Shortlist verzichtet? Es geht darum, dass die Menschen, die die Preisverleihung im Fernsehen anschauen, sehen: Ah, da gibt es diese und jene Leute, die schreibend für das Theater arbeiten. Und es gibt viele davon! Sie vertreten Haltungen, auch im politischen Sinn, die wichtige Stimmen sein könnten. Es geht um die Sichtbarmachung der Berufsgruppe.

Ewald Palmetshofer, geboren 1978 in Linz, ist Dramatiker und Dramaturg. 2007/2008 war er Hausautor am Schauspielhaus Wien, wo u.a. seine Stücke *hamlet ist tot. keine schwerkraft* und *wohnen. unter glas* uraufgeführt wurden. Sein Theaterstück *die unverheiratete* wurde 2015 mit dem Mülheimer Dramatikerpreis (heute: Dramatikpreis) ausgezeichnet. 2018 wurde er mit dem Else-Lasker-Schüler-Dramatikerpreis und 2019 mit dem Gert-Jonke-Preis ausgezeichnet. Palmetshofer war Dramaturg am Theater Basel und ist seit der Spielzeit 2019/2020 Dramaturg am Residenztheater in München. Für *wohnen. unter glas* war er 2008 für den Nachwuchs-Nestroy nominiert.

Gerhild Steinbuch, geboren 1983 in Mödling, Studium Szenisches Schreiben in Graz und MA Dramaturgie an der HfS Ernst Busch Berlin. Sie arbeitet als Autorin, freie Dramaturgin und Übersetzerin aus dem Englischen. Letzte Arbeiten als Autorin: *Nora* (Münchner Kammerspiele, Regie: Felicitas Brucker, 2023), *Tattooing The Earth* (Brut Wien, mit Philine Rinnert, 2023), *Nosferatu* (Burgtheater Wien, Regie: Adena Jacobs, 2024). Sie ist Mitglied von „Nazis & Goldmund", dem Autor:innenkollektiv gegen die europäische Rechte und deren Allianzen, und Gründungsmitglied von „Die Vielen" in Österreich. Seit 2020 leitet sie das Institut für Sprachkunst an der Universität für angewandte Kunst in Wien.

Bernhard Studlar, geboren 1972 in Wien, studierte Szenisches Schreiben an der UdK Berlin. Sein Stück *Transdanubia Dreaming* gewann den Preis des Heidelberger Stückemarkts und wurde 2003 am Akademietheater uraufgeführt. Er hat seitdem über 30 Theaterstücke geschrieben, darunter Auftragswerke für das Schauspielhaus Hamburg, das Burgtheater und das Slowakische Nationaltheater Bratislava. 2005 gründete er mit Hans Escher das 2008 für einen Nestroy-Preis nominierte Autor:innentheaterprojekt Wiener Wortstaetten, dessen künstlerischer Leiter er bis heute ist. Bernhard Studlar lebt als freischaffender Autor in Wien.

„Theater o Theater du", singt die Pepi Amsel in Nestroys *Frühere Verhältnisse*. Und weiter: „Der Kunst geweihter Tempel, raubst vielen Menschen Herzensruh ..." Richtig. Denn Theater lieben und hassen, das wechselt ständig. Woher also diese masochistische Sucht, den Stein des Produzierens immer wieder rauf zu rollen bis zur Premiere und zu wissen, irgendwann rollt er wieder runter bei der Derniere? Und schon davor hat man längst mit einem anderen Stein wieder angefangen. Warum? Weil es Glücksgefühle erzeugt, weil die Endorphine jubeln, weil der Applaus für all die Mühe entschädigt. Theater ist zwar ein Medium der Verflüchtigung, es hört jedoch immer nur auf, um wieder neu anzufangen. Unsere Theatergöttinnen und -götter schauen darauf, dass das Überlebensmittel Theater kein Ablaufdatum hat, und regen darum irdische Instanzen an, mit Preisen die harte und doch so herrliche Theaterarbeit auch sichtbar zu belohnen. Also nur weiter so, du liebgewonnener Nestroy-Preis!

Emmy Werner
Theatergründerin und Regisseurin

lach dich tot, gesellschaftskrise!

Ferdinand Schmalz, Nestroy-Preisträger 2018, über das Spannungsverhältnis zwischen politisierendem und unterhaltendem Theater – und darüber, wie sehr das mit Johann Nestroy zusammenhängt.

und schlägt, schlägt „scheiße“ schreiend, da die türe zu, die raus führt ins foyer. und hört man durch die tür, von draußen hört man noch den unmut des besuchers, dem das geschehen da im bühnenraum so wenig ruhe ließ, dass er nicht anders konnte, als den saal dann zu verlassen. nicht ohne es, das publikum, und die akteurInnen da oben auf der bühne seinen unmut über all das dargebrachte spüren auch zu lassen. und lehnt mein freund, der mit mir mitgelaufen ist, da ins theater, der eigentlich doch aus der bildenden, aber ein glühender theatermitläufer ist, lehnt sich zu mir herüber, und flüstert er mir jetzt zu, dass das das schöne ist. das ist das schöne, dass sich da im theater die leute echauffieren noch. dass ihm das bisher noch bei keiner ausstellungseröffnung untergekommen, dass, egal wie sehr die bilder das auge ästhetisch auch beleidigten, dass niemand dort schreiend den raum verlassen würd, ja dass die meisten dann dort bleiben würden, um einen spritzwein sich da vor den hässlichsten wanddekorationen hinter ihre gurgeln dann zu gießen, anstatt „scheiße" schreiend, türeknallend die galerie auch zu verlassen. dass diese qualität des theaters, dass es einen eben anders angeht, im positiven wie im negativen, dass das doch das schöne am theater sei.

und kurz darauf kam mir der film *Yannick* vom französischen regisseur Quentin Dupieux unter, der genau diesen moment zum ausgangspunkt seines films macht. die handlung spielt in einem mäßig besuchten boulevardtheater in paris. ein nachtwächter aus der pariser vorstadt fühlt sich von dem geschehen auf der bühne wenig unterhalten, aber anstatt türeknallend den saal dann zu verlassen, teilt er es den darstellerInnen auf der bühne mit. er halte es nicht mehr aus, er habe sich extra einen abend frei genommen und dann das. er habe sich etwas besseres verdient. als sich jedoch die darstellerInnen auf der bühne über den naiven fieberkopf lustig machen, greift dieser zur waffe und nimmt den abend selbst in die hand. das publikum als geisel, schreibt er auf der bühne neue szenen, um den drei spielerInnen zu zeigen, dass es jeder besser machen kann als sie. ohne hier jetzt alles vorwegzunehmen, aber das so improvisierte stück gelingt, das publikum, sei es aus verzweiflung, aus irgendeiner art von stockholm syndrom oder aber weil der schräge humor des nachtwächters etwas trifft, lacht über den einakter, während ein sonderkommando das

Ferdinand Schmalz

theater schon umstellt hat. fühlt sich heutzutage ein theaterbesuch nicht oft genau so an, das theater umstellt von einer wirklichkeit, die so gar nicht zum lachen ist? ist theater nicht immer dieses *Wundervolle Zwischending*, wie ein stück von Martin Heckmanns mal hieß, immer in einem spannungsfeld zwischen unterhaltung und diskurs, zwischen einem gemeinsamen denken und einem gemeinsamen lachen? Caren Jeß fragte in einer *Theater heute*-kolumne, „was genau soll aber falsch sein am rechtschaffen politisierten theater?", um prompt selbst die antwort zu geben: „ich würde sagen: es is' halt langweilig. weil es sich wiederholt." wir würden eh schon gründlich durch „die mühlen der meinungsproduktion" gedreht, so Jeß, dass das bloße nochmal aufkochen des diskurses auf der bühne zu wenig sei. das hat man schon durch. das wurde einem untertags schon mehrmals vorgekaut, dass man es abends nur mehr abnicken brauche. was aber ist der mehrwert, den das theater und vor allem der theatertext leisten kann, damit er nicht zu einer langversion des ankündigungstextes aus den diskursiv aufmagazinierten dramaturgien verkommt? der mehrwert des theatertextes, würde ich sagen, liegt gerade in diesem spannungsverhältnis, gerade dort an diesem wunden punkt, wo die aufgeheizten diskurse auf ein bedürfnis nach unterhaltung treffen. wo man nicht mehr weiß, ob aus verzweiflung gelacht wird oder aus erleichterung. ob einem das lachen am ende im hals stecken bleibt, oder ob nicht doch jemand lauthals schreiend den saal verlässt.

und jetzt? vielleicht noch ein kleines geständnis: ich wollte auch einmal das theater verlassen, als ich das erste mal *Das Purpurne Muttermal* des im februar 2024 verstorbenen theatermachers René Pollesch gesehen habe. ich bin dann doch geblieben, ja ich habe es mir insgesamt noch dreimal angesehen. beim ersten mal ging der witz komplett an mir vorbei. vielleicht aber auch, weil ich damals an der theaterwissenschaft studierte und mich schon den ganzen tag mit repräsentationsfragen und rollendekonstruktionen herumschlug, dass ich am abend nicht nochmal das gleiche hören wollte. aber irgendwas an dem abend, der auch mit dem nestroy-autorInnenpreis ausgezeichnet wurde, hat mich damals nicht losgelassen, weshalb ich ihn mir nochmal und nochmal anschaute, bis ich ihn, wie alle anderen um mich herum, schreiend komisch und schlau zugleich fand. später hab ich in einem interview mit René Pollesch gelesen, dass er findet, dass seine theatertexte auf drei ebenen funktionieren sollten, auf der ebene des boulevardesken, auf der ebene des theoretischen und auf einer ebene, auf der diese beiden in synergie treten. wahrscheinlich liegt er dort, denke ich mir, dieser schwebezustand im spannungsdreieck, zwischen krise, unterhaltung und theorie.

je aufgeheizter die politische stimmung, je brennender die weltweiten krisenherde, je tiefer die gesellschaftliche spaltung, umso lauter werden auch die rufe der theater, diese krisen direkt anzusprechen. sich ohne umweg über die kunst direkt einzumischen. stellung zu beziehen.

gerade an so einem punkt muss man aber, so schwer es auch fällt, darauf beharren, dass die größte qualität des theaters eben nicht in sofortistischem reagieren, in einem nur laut genug hinausschreien liegt, um der dringlichkeit der situation gerecht zu werden. sondern in einer oft auch nicht ganz nachvollziehbaren, geheimnisvollen, aber immer auf schlaue weise auch unterhaltenden art zu reagieren. und dass gerade da in einem lachen, das immer auch ein bisschen schmerzt, gerade da liegt doch größtmöglicher erkenntniswert. Caren Jeß bringt es auf den schönen satz: „was weiß ich denn, ich denke, es ist ein irrtum, anzunehmen, ernste zeiten verlangten nur nach ernsten worten."

dass oft im kleinsten sprachwitz etwas von der gesamten last der politischen großwetterlage mitschwingen kann, dass es bis in die haardünnsten sprachfasern jene spannung zwischen politisierendem und unterhaltendem gibt, das ist es, was man nicht nur von Pollesch, sondern auch vom namensgeber dieses preises lernen kann. Johann Nepomuk Nestroy schaffte es immer wieder, in zeiten, die ungleich schwieriger waren, vor allem, was die sagbarkeit von dingen anbelangt, weil eine repressive zensur ihm immer dicht auf den versen war, schaffte er es doch immer wieder, eine dichterische leichtfüßigkeit an den tag zu legen, die immer wieder ins staunen versetzt. wie er die engen grenzen seines genres sprengte mit einem sprachwitz, der über sich selbst hinauswächst, der oft auf dem raum von wenigen silben, in komischen verhasplern, in sprachlichen stolperern dort tief ins fleisch des gesellschaftskörpers trifft, wo es heute, 160 Jahre später, noch weh tut. und so möchte man auch heute mit Nestroys Titus Feuerfuchs aus dem *Talisman* rausrufen in die welt: „in mir organisiert sich aber auch schon misanthropisches – ja – ich hass' dich, du inhumane menschheit, ich will dich fliehen, eine einöde nehme mich auf, ganz eseliert will ich sein!"

Mantra

Zufall ist dramaturgische Energie/ Spiel die Wurzel von allem/ Resonanz das Sprechprinzip/ Simpel sei das Konzept/ Alles ist schon da!/ Sag es in einem Satz!/ Show and Tell gibt es immer/ nebeneinander/ Storytelling ist unsichtbar schön/ Konkret sei der Raum/ Bewusst der Sound/ Was ist das Reale?/ Momente sammeln/ Sinnlos proben!/ Freunde werden/ Humor. Schmerz./ Langsam bleiben/ Vorbereiten ist Pflicht, verwerfen auch/ Reflektiere/ Üben ist nicht feig/ Faustregeln gibt es nicht!

Ed. Hauswirth
Regisseur

„Off oder nicht off ist kein Kriterium"

Was bringt der Nestroy-Preis für Preisträger:innen der FREIEN SZENE? Womit haben Theaterschaffende zu kämpfen? Vier Gewinner:innen des Off-Nestroy-Preises blicken zurück und nach vorn. Sabine Mitterecker, Sara Ostertag, Michael Turinsky und Yosi Wanunu im Gespräch über Förderungen und Forderungen.

Von Martin Thomas Pesl

Der Nestroy für die beste Off-Produktion ist der einzige, der dotiert ist. Was haben Sie mit dem Geld gemacht, und welche Bedeutung hatte der Gewinn dieses Preises insgesamt für Sie? Sabine Mitterecker, Sie waren mit Ihrem Verein Theater Punkt die erste Off-Nestroy-Gewinnerin im Jahr 2000.

Sabine Mitterecker: Der erste Nestroy-Preis für die beste Off-Produktion war nicht dotiert. Angesichts des damals sehr kleinen Produktionsbudgets dachte ich, das kann's ja wohl nicht sein, und bin dafür gelaufen, hab Gespräche geführt und Briefe geschrieben, damit der Off-Nestroy zukünftig dotiert wird. 2010, beim zweiten Nestroy-Preis für mein Produktionslabel Theater Punkt, haben wir dann auch von der Dotierung profitiert. Ich konnte mit meiner Thomas-Bernhard-Dramatisierung *Frost* zahlreiche Gastspiele im In- und Ausland anstoßen. Ansonsten bringt der Netroy-Preis mediale Aufmerksamkeit mit sich, und ja, ich habe mich riesig über die Anerkennung unserer Arbeit und die Wertschätzung gefreut.

Frau Ostertag, Sie haben 2018 den Nestroy für *Muttersprache Mameloschn* gewonnen. Was haben Sie mit dem Geld gemacht?

Sara Ostertag: Ich wusste zunächst gar nicht, dass es ein Preisgeld gibt. Das habe ich erst ein Jahr später erfahren, als wir um die Abrechnung über den Betrag gebeten wurden. 30.000 Euro waren 2018 eine halbe Produktion. Es ist wertvoll, wenn Preise dotiert sind. Darüber hinaus könnte ich allerdings nicht sagen, dass uns der Nestroy-Preis so krass viel gebracht hätte. Ganz ehrlich: In Deutschland interessiert sich dafür niemand. Innerhalb von Österreich scheint mir, ist diese Auszeichnung in konservativeren Kreisen des Journalismus was wert und wird den Namen vorangestellt wie ein Magistertitel. Trotzdem: Für uns als jüngeres Kollektiv war der Preis schon cool.

Wie war das denn bei Ihnen, Yosi Wanunu?

Yosi Wanunu: Wir waren zu dem Zeitpunkt schon ziemlich etabliert. In der Anfangszeit hieß es, wir wären nur deshalb nicht ausgezeichnet worden, weil wir auf Englisch spielen. Das war damals wohl noch ein Problem. Wir wurden aufgrund des Nestroy-Preises auch zu Gastspielen eingeladen, leider brach dann die Corona-Pandemie aus. Persönlich stehe ich Preisen in meinem fortgeschrittenen Alter skeptisch gegenüber, aber es war schön zu sehen, wie sehr sich die Schauspieler:innen freuten. Man hat drei Tage lang ein High, dann geht das Leben weiter. Was das Preisgeld angeht: Wir haben damit während der Pandemie eine Installation für das Theatermuseum realisiert.

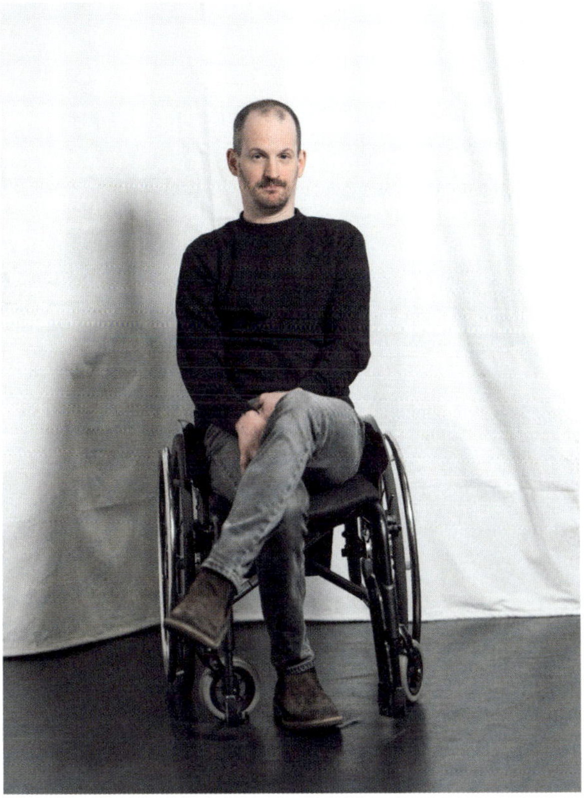

Michael Turinsky

Diese wurde übrigens 2021 für den Corona-Spezialpreis nominiert. Wie wichtig war das Preisgeld für Sie, Herr Turinsky?

Michael Turinsky: Ich habe mich dafür entschieden, als behinderte Person von der Mindestsicherung zu leben, also von den Geldern, die mir der Staat zur Verfügung stellt und die zum Leben genug sind. Das bedeutet aber auch, dass ich nichts verdienen darf. Übrigens habe ich erst neulich registriert, dass ich für den Nestroy-Preis Geld bekommen werde, ich weiß also noch gar nicht, was ich damit machen werde. Abgesehen davon habe ich mich natürlich sehr über die Auszeichnung gefreut, mehr als über den Spezialpreis. Weil die „Inklusion auf Augenhöhe", für die wir damals ausgezeichnet wurden – na ja. Da war mir doch wichtig, auch für die eigene Arbeit Anerkennung zu bekommen. Fürs Touring sind dadurch keine besonderen Vorteile entstanden, das hat mit meinem Solo auch zuvor schon gut funktioniert.

Kommen wir zum Begriff „Off-Produktion". Wie „off" sehen Sie sich, und wie stehen Sie zu dem Begriff?

Wanunu: Meine Ursprünge liegen im Stadttheater, aber das war nie meins. In New York habe ich entdeckt, dass es weit abseits vom Broadway eine freie Szene gibt, die autark funktioniert. Das hat mir sehr gefallen. Als ich nach Wien kam, herrschte hingegen das Gefühl vor, dass in der Off-Szene diejenigen versammelt sind, die es nicht ans große Theater geschafft haben. Zudem bin ich im Herzen Komiker, und hier gilt Komödie als zweitrangig. Mittlerweile habe ich nicht mehr das Gefühl, mich fürs Off-Dasein entschuldigen zu müssen, aber es war ein langer Kampf. Das Wichtigste für mich ist, dass ich so arbeiten kann, wie ich will, und den Leuten, mit denen ich gerne arbeite, Stücke auf den Leib schreiben kann. Dank der Vierjahresförderung kann ich weit vorausplanen, obwohl ich weiß, dass nicht alle meine Arbeiten gut sind. Das größte

Problem der freien Szene in Wien ist, dass ihre Häuser so stark institutionalisiert wurden. Sie sind jetzt einfach Miniatur-Versionen von Stadttheater-Betrieben. Deshalb kämpfe ich dafür, bisher erfolglos, mein eigenes Haus zu kriegen. Dann könnte ich ewig an einem Stück arbeiten – wie die Wooster Group in New York.

Mitterecker: Für mich persönlich war und ist Unabhängigkeit extrem wichtig – als Regisseurin, Dramaturgin und Produzentin. Ich kenne beide Systeme: habe frei produziert, arbeite immer wieder als Regisseurin an Häusern. Oft trete ich auch als Koproduzentin auf. Wenn Produktionen zum Teil über Jahre an verschiedenen Orten und in immer wieder neuen Kontexten gezeigt werden, wachsen sie. Sowohl *Frost* von Thomas Bernhard als auch *Schatten (Eurydike sagt)* von Elfriede Jelinek waren oft eingeladen; welch ein Luxus, gerade an diesen Texten von Mal zu Mal immer wieder noch Neues zu entdecken. Off oder nicht off, das ist für mich kein Kriterium; es geht immer darum, was meinem künstlerischen Vorhaben angemessen ist und wie ich die besten Arbeitszusammenhänge dafür herstelle.

Ostertag: Wenn man sich als Frau für die Selbstständigkeit entscheidet und ein Kind bekommt – das dann in meinem persönlichen Fall krankheitsbedingt auch ein Pflegefall ist –, tut das etwas mit der Kunst und den grundsätzlichen Entscheidungen, die man trifft. In diesem Nachdenken über eine neue Lebenssituation kommt schon die Frage auf: Was will eigentlich eine Politik von Menschen, die hier

Sabine Mitterecker

jahrzehntelang Lebenszeit investieren? Das sind Leute, teils junge, die in das Kulturgut dieser Stadt investieren. Das wird verlangt! Gleichzeitig wird es immer auf einem finanziellen Level gehalten, mit dem man über ein gewisses Ausmaß an Qualität nicht hinauskommt. Dennoch erwartet man bei der Fördervergabe von den Menschen, die diese Szene füttern, dass sie ausschließlich das tun. Viele Kolleginnen und Kollegen sind aber, wie ich, darauf angewiesen, zwischen frei und institutionell finanzierten Produktionen zu wechseln. Wenn man das tut, muss man irrsinnig früh entscheiden, ob man Karriere machen will oder nicht – und was für eine. Und in einer Off-Szene langfristig Karriere machen? Leute, die wie Florentina Holzinger in Freiheit, gestützt von Institutionen, produzieren, gibt es eine Handvoll. Österreich hat kein Stiftungswesen, es gibt vor allem staatliche Förderungen. Und es fehlt ein Ort, der sich durch freie Sprachen der Künstler:innen definiert.

Turinsky: Zu dieser Diskussion kann ich wenig beitragen. Meine existenzielle Situation ist, wie gesagt, eine ganz andere. Ich bin „benachteiligt", aber insofern im Vorteil, weil ich die Kunst nicht zum Leben brauche. Ganz abgesehen davon funktioniert die freie Szene für mich gut, was mit Produktionsrhythmen zu tun hat. Was mich aber seit geraumer Zeit beschäftigt: Ich erlebe, dass man von mir als behindertem Künstler implizit erwartet, dass ich diesen offensichtlichen Aspekt auf dem Silbertablett präsentiere; die wollen meinen Identitätsstempel ordentlich verkaufen. Sich an dieser identitätspolitischen Erwartung abzuarbeiten, ist schon eine Herausforderung, besonders, wenn man sich einen Namen gemacht hat. Als ich begann, konnte ich mich ungeniert ausprobieren, es war nicht schlimm, wenn es danebenging. Jetzt muss ich sehr aufpassen, dass ich nicht zum Gehilfen dieser identitätspolitisch-ästhetischen Erwartung von kuratorischer Seite gerate. Denn es liegt ja auch etwas Vernünftiges darin, dass ein weißer, behinderter Mann sich nicht mit Schwarzem Feminismus beschäftigen soll. Aber ich bin ja nicht primär eine behinderte Person: Ich bin ein Arbeiterkind, ich wohne in Favoriten, ich schaue Fußball, ich koche gerne und höre Dancehall.

Wanunu: Es stimmt, in Sachen Experimentierfreude und Risikobereitschaft haben wir Rückschritte gemacht. Das war vor 20 Jahren viel besser, als Chaos herrschte, als man den Schlüssel zum dietheater bekommen hat und dort so lange proben konnte, wie man wollte. Das spiegelt aber auch unsere Gesellschaft wider. Wir sind alle irgendwie neoliberal geworden. Dafür sind wir als Szene gut vernetzt: Man hilft einander, statt zu konkurrieren. Auch wenn deine Kunst mir nicht gefällt, weiß ich zu schätzen, dass du sie machst. Das würde ich mir auch von Kuratorinnen und Kuratoren wünschen. Wie kann es sein, dass ein Festivalkurator vier Jahre seinen Geschmack vertritt, und dann kommt jemand anders, völlig unabhängig von den Künstler:innen einer Stadt. Zu mindestens 50 Prozent sollten sie verpflichtet sein, mit den Leuten zu arbeiten, die hier sind, ob sie sie mögen oder nicht.

Ostertag: Wenn man Leute holt, die etwas kuratieren, wäre es sinnvoll, sicherzustellen, dass sie sich mit einem Hier nicht nur beschäftigen wollen, sondern schon beschäftigt haben. Da sind die Auswahlgremien gefragt. In sehr vielen dieser Jurys sitzen dieselben Menschen. Diese Menschen sind im Schnitt Ende 50 und weiß und haben institutionelle Karrieren zu verzeichnen. In Holland, in Zürich, in Berlin wird diese Idee, wie bestellt wird, gerade neu gedacht. Österreich ist da wahnsinnig hinterher. Du kannst diesen Leuten ja gar nicht vorwerfen, dass sie in bestimmten Rastern denken, weil sie nichts anderes erlebt haben.

Seit einiger Zeit propagiert die Politik das Konzept des Fair Pay. Kommt das der freien Szene nicht entgegen?

Wanunu: Fair Pay führt dazu, dass zwar fair gezahlt wird, aber nur für kurze Zeit. Plötzlich kommen also lauter Produktionen raus, die noch nicht fertig sind. Prozessorientiertes Arbeiten verschwindet. Dazu kommt, dass ich am liebsten jede Produktion zwanzigmal spielen würde. Erstens werden wir nach der Premiere immer besser, zweitens spricht es sich herum, und am Ende der Aufführungsserie sind wir voll. Aber es ist schon ein Kampf, zehnmal spielen zu dürfen.

Ostertag: Mehr als sechs, maximal sieben Wochen Proben sind unmöglich, wenn mehr als drei Leute auf der Bühne stehen. Trotzdem ist es zu teuer, das Teil mehr als zehnmal hintereinander zu spielen! Die Wiederaufnahme kostet dann wieder schnell 20.000 Euro. Da machst du lieber gleich was Neues. Das ist überhaupt nicht nachhaltig und regt mich wahnsinnig auf, denn bei diesem von den meisten Politiker:innen hochgehaltenen Nachhaltigkeitsgedanken spielt ja auch Lokalität eine große Rolle. Warum wird das, was für Nachhaltigkeit sorgt, nämlich eine lokale Szene, so unterfördert? Die meisten Mittelbühnen und kleineren Häuser sind von Frauen geleitet, teilweise auch von Österreicher:innen. Alles darüber: meist Männer oder Menschen, die nicht an die österreichische Szene angedockt sind. Dann aber wird das Wissen aus dieser mittleren Ebene abgesaugt und für einen kurzen Moment den großen Institutionen zugespielt, woraus für die Szene aber kein Benefit entsteht. Gleichzeitig ruft die Stadt „Projekte“ aus, wie „in die Bezirke“, „Satelliten“, „Probenzentren“. Die sind an sich super, aber sie werden nicht mit der Szene, die sie schon lange verlangt hat, zusammengedacht und in ihr langfristig verankert. Davor habe ich Angst: Diversität und Gleichstellung passieren nicht von selbst. Die muss man top down setzen, damit sie dann bottom up wachsen können.

Mitterecker: Die gläsernen Decken sind auf mehreren Levels eingezogen. Es gibt weder innerhalb einer Szene noch in der Annäherung an den institutionellen Betrieb absehbare Entwicklungspfade, wenn so will, Karrierewege. Jede und jeder schlägt sich durch, wie er oder sie kann.

Was wäre die Lösung für das Fair-Pay-Problem?

Ostertag: Höhere oder anders strukturierte Förderungen. Wenn du jedes Projekt neu einreichen musst, kannst du keine Stabilität aufbauen. Du kannst nicht mit gefragten Menschen arbeiten, weil du ihnen eineinhalb Jahre vorher nichts zusagen kannst. Das ist ein Verhinderungsmodus.

Mitterecker: Fair Pay ist extrem wichtig. Mindestgagen zu definieren, ist eines. Es braucht aber auch ein differenziertes Regelwerk, wie mit den für Kultur zur Verfügung stehenden Budgets umgegangen wird, um faire Arbeits- und Lebensbedingungen für Künstler:innen zu schaffen.

Wanunu: Es ist eine schwierige Frage. Wir müssen ein Gleichgewicht schaffen zwischen dem Wunsch, Leute gut zu bezahlen, und der Tatsache, dass wir off und chaotisch sein wollen. Ich fürchte, die einzige Lösung ist: mehr Geld für weniger Leute. Das sozialdemokratische Gießkannenprinzip erzeugte viele armutsgefährdete Künstler:innen. Ich wurde angeschrien, als ich das mal in einem Interview gesagt habe.

Turinsky: Also, ich bin dir dankbar für diese Aussage. Ich glaube, dass aus der Szene selber Ansprüche kommen, die einander widersprechen. Einerseits wollen viele junge Leute auch Förderungen haben für ihre Sachen, andere sagen, sie wollen Kontinuität. Es ist verlogen, wenn wir quer durch die Gegend alles fordern und nicht einmal merken, dass diese Forderungen einander widersprechen.

Yosi Wanunu

Wanunu: Zuletzt wurden die Kulturbudgets erhöht, das war beeindruckend. Aber so kann man nicht weitermachen, wenn weiterhin so viele Akteurinnen und Akteure da sind. Das spiegelt sich auch anderswo: Statt 25 tun wir 30 Schüler:innen in eine Klasse. Der Arzt hat nicht mehr eine halbe Stunde Zeit für dich, sondern drei Minuten.

Turinsky: Marxistisch verstanden produziert die freie Szene einen Mehrwert, den sich die Häuser absaugen. Eigentlich müssten die Häuser diesen Mehrwert zurückzahlen, statt dass der Staat weiter Geld hineinpumpt.

Ostertag: Es ist schwierig, diese einzelnen Institutionen und die freie Szene miteinander zu vergleichen. Das Intendantengehalt an einem durchschnittlichen Stadttheater ist höher als jede Vierjahresförderung. Aber wenn man schon sagt, die freie Szene ist ein Rhizom, ein einziges Ding, eine Kulturinstitution, die für Wien genauso steht wie zum Beispiel das Volkstheater, dann sollte man diese Szene ja auch im Verhältnis äquivalent wertvoll fördern. An allen Häusern, die ich kenne, gibt es ein Händeringen um Diversität, Gleichstellung und Lokalität. Die Person, die leitet, ist aber entweder ein weißer Mann oder eine weiße Frau, meistens eine etwas ältere. Dadurch wird eine Scheinpolitik gestaltet, und in einem alten, fast monarchischen System werden feministische Inhalte und politische Stücke präsentiert. In der freien Szene hingegen müssen wir uns alle ständig mit unserer eigenen Body-Politik oder Gender-Politik beschäftigen, dadurch entsteht ein Politisiert-Sein im Miteinander-Sein. Wenn ich Stücke mit Message sehe, glaube ich diese Message viel mehr, wenn das Stück von Gruppen produziert wurde, die souverän arbeiten, als im Akademietheater.

Sara Ostertag

Die freie Szene befindet sich in einem besonderen Spannungsfeld: Da gibt es Theaterschaffende, die bewusst und ausschließlich freischaffend arbeiten wollen und auch gar nicht anders könnten, während andere das freie Arbeiten als Sprungbrett für ein Festengagement betrachten. Hat sich daran in letzter Zeit etwas verändert?

Ostertag: Es gibt die, die eine panische Angst davor entwickeln, nirgendwo dazu zu passen. Und es gibt diejenigen – oft Menschen, die nicht in den „Normalitätsraster" klassischer Betriebe passen, zum Beispiel Transpersonen oder Menschen mit einer genderfluiden Identität –, die halten Machtstrukturen in Theaterbetrieben oftmals nicht aus, weil die Diskriminierung offensichtlich ist.

Wanunu: Die junge Generation ist sehr von Individualismus geprägt. Die wollen auch nicht mehr einfach Schauspieler:in oder Performer:in sein. Alle wollen kreieren. Das ist schade, denn Schauspieler:in zu sein, ist schwer genug.

Was macht Ihnen trotz allem Hoffnung, wenn Sie sich die Entwicklung der freien Szene ansehen?

Turinsky: Dass im gesamten deutschsprachigen Raum die Präsenz von Künstler:innen mit Behinderung in den letzten Jahren deutlich zugenommen hat. Das ist grundsätzlich eine gute Entwicklung.

Wanunu: Vieles, was wir tun, ist gut. Deshalb hoffe ich, dass wir es in diesen schweren Zeiten schaffen, genauer zu hinterfragen, was wir tun, und wieder die radikale Szene zu werden, die wir ursprünglich waren. Christopher Nolan hat in seiner Oscar-Dankesrede darauf hingewiesen, dass das Medium Film erst 100 Jahre alt ist – stellt euch vor, was noch alles möglich ist! Das Theater neigt dazu, sich für alt und uncool zu halten. Wir sollten sagen: Wir sind erst 1000 Jahre alt, stellt euch vor, was noch alles möglich ist. Die freie Szene ist sowieso verhältnismäßig jung, es gibt sie erst seit den Sechzigern. Ich bin ein großer Fan der Sechziger. Da gab es viele gute Ideen. Naomi Klein schreibt, dass wir wieder zu kleinen Gemeinschaften zurückkehren müssen. Wenn man also 60 Leuten im Theater einen interessanten Abend beschert, ist das ein guter Anfang.

Ostertag: Wien ist ja die „lebenswerteste Stadt der Welt". Mich beeindruckt, dass viele Menschen aus der Kultur – spartenübergreifend, mein Alter und jünger – hierherkommen und sagen, sie wollen bleiben. Weil man hier – noch – arbeiten kann. Damit das so bleibt, braucht es für dieses Hier-Sein Strukturen. Wien war immer ein Ort, wo sich viel gekreuzt hat, ein Ort mit vielen Sprachen und Identitäten. Daher muss Wien kulturpolitisch aufpassen, dass es nicht versucht, eine andere Stadt zu sein als die, die es ist. Dazu muss man Räume kreieren, um miteinander zu sprechen, zu arbeiten und vor allem zu leben. Die freie Szene ist dafür ein guter Ort, und ich hoffe, es wird zukünftig hochgehalten und angemessen gefördert, was sie für Wien leistet.

Mitterecker: Ich finde es ermutigend, dass Künstler:innen nach wie vor und über die Generationen und alle Unterschiede hinweg miteinander reden und sich gemeinsam Gedanken darüber machen, wie es mit dem Theater künstlerisch und überhaupt weitergehen könnte.

Sabine Mitterecker, geboren 1963, ist Theaterregisseurin, Dramaturgin und Produzentin. 1999 gründete sie das Label Theater Punkt. Ihre erste Produktion, *Nichts Schöneres*, wurde mit dem allerersten Off-Nestroy im Jahr 2000 ausgezeichnet. Ein zweiter folgte 2010 für *Frost*.

Yosi Wanunu, geboren 1963 in Akko/Israel, ist Theaterautor und Regisseur. Seit 1997 betreibt er mit Kornelia Kilga die Gruppe Toxic Dreams. Für *The Bruno Kreisky Lookalike* gab es 2019 den Off-Nestroy.

Sara Ostertag, geboren 1985, ist Teil des Kollektivs Makemake Produktionen, Theaterregisseurin und Dramaturgin. Sie inszeniert an Stadt- und Staatstheatern im deutschsprachigen Raum und leitet ab 2025/26 das Theater an der Gumpendorfer Straße in Wien. Ihre Arbeit *Muttersprache Mameloschn* erhielt 2018 den Nestroy als beste Off-Produktion.

Michael Turinsky, geboren 1978, ist Choreograf, Performer und Philosoph. 2018 erhielt er mit Doris Uhlich den Nestroy-Spezialpreis für *Rave Machine*, 2021 wurde sein Solo *Precarious Moves* als beste Off-Produktion ausgezeichnet.

Danke für mehr als 40 Jahre Hochschaubahnfahrt in der Wiener Theaterlandschaft! Zwischen Theater in der Josefstadt und „Hitler am Opernball", zwischen Gerichtssaal und unzähligen beglückenden Erfolgsproduktionen im Rabenhof, dem Gemeindebautheater der Herzen.

Dankbarkeit, so lange in einem äußerst privilegierten Beruf arbeiten zu dürfen, noch immer so vielen aufregenden, spannenden Künstler:innen begegnen zu dürfen und nach wie vor mit ihnen schräge, anarchische, wunderbare Theaterreisen umsetzen zu dürfen. Die Formen, die Formate haben sich natürlich über die Jahrzehnte auf den ersten Blick geändert, sind natürlich auch Moden und Trends unterworfen. Was aber bleibt, ist die Suche nach einer theatralen „Wahrhaftigkeit", dem persönlichen menschlichen Moment, dem emotionalen Zugang, mit dem man das Publikum immer wieder abholen, neu überraschen und verführen kann.
Und auch Demut vor diesem Beruf, vor den Kolleginnen und Kollegen, die sich unermüdlich und oft bis zur Selbstaufgabe dieser Profession hingeben. Und natürlich auch Demut vor dem Publikum, das sich jenseits von „Kastldenken" und Tunnelblick immer wieder auf die verrücktesten Theaterabenteuer einlässt, denn ohne dessen Interesse und Leidenschaft wären all unsere Mühen sinnlos. Möge diese lustvolle Hochschaubahnfahrt nie enden ...

Thomas Gratzer
Regisseur und Intendant

Damit die Zeit nicht stehen bleibt

Längst nicht mehr nur der schöne Schein: BÜHNENBILDER sind begehbare Installationen geworden. Sie spiegeln unser komplexes Verhältnis zur Realität wider, das durch Medien geprägt ist, aber auch durch eine Suche nach einer zeitgemäß unperfekten Poesie.

Von Karin Cerny

Es ist eine Reise an die Ränder der Gesellschaft. Das Publikum schlendert durch enge Hausflure, die schon bessere Zeiten erlebt haben. Der Putz bröckelt ab, Wasserflecken an den Wänden haben Schimmelkulturen hervorgebracht, die Teppichböden scheinen schon eine Ewigkeit vor sich hin zu modern. Schmierig, klebrig, abgewohnt ist auch das Interieur: maximal versifft. Man möchte definitiv mit nichts in Berührung kommen in diesem Setting, das hyperrealistisch aussieht. Fast meint man, das alte Bratfett in den Vorhängen riechen zu können.

Der lettische Regisseur Alvis Hermanis und seine Kostüm- und Bühnenbildnerin Monika Pormale führten 2003 in eine sowjetische Kommunalwohnung, das ist eine Art Wohngemeinschaft, in der man sich Küche und Bad teilte. *Das lange Leben* (im Original: *Garā dzīve*) hieß der wortlose Abend, bei dem die Menschen auf der Bühne keine strahlenden Helden, keine angsteinflößenden Schurken, keine fatalen Schicksalsfiguren waren, sondern fünf ziemlich durchschnittliche Pensionistinnen und Senioren, die in Armut leben – und versuchen, ihren Tag möglichst würdevoll herumzubringen. Im damals schönen neuen Europa wollte niemand von diesen gebrechlichen Verlierer:innen der Geschichte wissen. Hermanis rückte sie ins Zentrum, stellte das Drama des einfachen Menschen in Lettland aufs Podest. Und das in einem Bühnenbild, das man im Theater bisher nicht gesehen hatte: Wie bedrückend echt das alles wirkte! Aber auch wie faszinierend kleinteilig. Man hätte Stunden damit verbringen können, die zugemüllten Zimmer zu erkunden. Vollgepackt mit allem, was sich im Laufe eines langen Lebens an unnötigem Zeug angesammelt hat.

Man wurde Teil der Inszenierung, obwohl die vierte Wand aufrecht blieb. Nach dem Weg durch die Hausflure nahm man Platz und beobachtete Schauspieler:innen dabei, wie sie erschreckend realistisch ein Leben in Zeitlupe führten: Jeder Schritt war ein Meilenstein für sie. Zum Glück nicht gestolpert und hingefallen! Alles war aber zugleich auch höchst kunstvoll: Die Darstellenden waren tatsächlich erst um die 30 Jahre alt, sie hatten sich die Bewegungsweisen von alten Menschen angeeignet.

Bühnenbild? Installation!

Komisch, dass man nach wie vor von einem Bühnenbild spricht; der Begriff drückt ja eigentlich etwas Zweidimensionales aus. In den letzten Jahren wurden Theaterräume oft zu begehbaren Installationen. Die Ausstattung ging weg vom Zeichenhaften und Symbolischen, hin zum Realen, zu Gegenständen, die man aus dem Alltag kennt. Die radikalsten Vertreter dieses Hyperrealismus sind die dänischen Performance-Experten Signa, gegründet von dem Ehepaar Signa und Arthur Köstler, die ihr Publikum in ein verstörendes Setting werfen, in dem es sich selbst zurechtfinden muss: Körperkontakt mit den Schauspieler:innen inklusive. Im Nestroy-preisgekrönten *Wir Hunde / Us Dogs* (Volkstheater / Wiener Festwochen, 2016) ging man auf Tuchfühlung mit einer erstaunlich offenen Sekte, die ihrem Traum folgte, als Hunde zu leben. Die seltsame Gesellschaft bewohnte ein mehrstöckiges Haus, in dem das Publikum frei herumwandeln und Gespräche führen konnte. Und in seltsame Rituale verwickelt wurde. Das Theater avancierte so zum Erfahrungsraum, in dem man Teil des Geschehens wurde. Mitmachtheater war plötzlich kein Angstgespenst mehr. In den letzten 25 Jahren haben die Zuschauer:innen eine neue Lust entdeckt, vom passiven Beobachter zum aktiven Mitspielenden zu werden. Sie basteln sich lieber selbst ein Stück, anstatt sich berieseln zu lassen.

Natürlich stellen extrem realistische Bühnenbilder auch Fragen. Wo hört das soziale Experiment auf, wo fängt die Kunst an? Was passiert, wenn die berühmte Katharsis sich echt anfühlt und wir tatsächlich auch körperliche Erfahrungen machen?

Aber vielleicht gehen wir einen Schritt zurück, um diese Entwicklung nachvollziehbarer zu machen. Theater galt lange als des sittlichen Bürgers Abendschule. Ein elitäres, gebildetes Publikum, das sich als Held der Geschichte im Zentrum der Welt sah, wollte Könige sterben und Shakespeare-Schurken scheitern sehen. Theater war ein idealisierter Ort, die Bühnenbilder blieben lange Kulissenschieberei. Man agierte mit angedeuteten Zeichen, die jede:r verstand, weil man einen gemeinsamen Bildungshintergrund hatte.

Mit neuen Medien, die unseren Alltag prägten und unsere Selbstwahrnehmungen veränderten, wurde auch die Ausstattung komplexer. Schließlich reflektieren Bühnenbilder das Lebensgefühl der jeweiligen Epoche. Sie bringen ästhetisch auf den Punkt, wie wir uns gerade in der Welt verankern. Als der Schweizer Regisseur Christoph Marthaler mit seiner kongenialen Bühnenbildnerin Anna Viebrock den DDR-Abgesang *Murx den Europäer! Murx ihn! Murx ihn! Murx ihn! Murx ihn ab!* (Volksbühne am Rosa-Luxemburg-Platz Berlin, 1993) inszenierte, saßen die Darsteller:innen in einem riesigen Wartesaal, in dem wenig passierte. Als Symbol dafür hing an der Wand eine kaputte Uhr, die vom Berliner Flughafen Tempelhof inspiriert war. Darüber der Schriftzug: Damit die Zeit nicht stehen bleibt. Aber einige Buchstaben fehlten.

Murx den Europäer! Murx ihn! Murx ihn! Murx ihn! Murx ihn ab!, Bühne Anna Viebrock, Regie Christoph Marthaler, Volksbühne Berlin 1993

Murx den Europäer! war die Blaupause für zahlreiche Theaterweltentwürfe, die das folgende Jahrzehnt prägen sollten. Die Bühnenräume von Anna Viebrock waren surreale Versuchsanordnungen. Die Kostüme, für die sie auch zuständig war, kleideten schrullige Menschen oft in graue Anzüge, Kostüme oder Rollkragenpullis. Alles ein bisschen retro, als ob die 1950er-Jahre ästhetisch nachwirkten. Viebrock verwendete Versatzstücke aus dem echten Leben, die überraschend neu montiert wurden. Auf den ersten Blick sahen die unpersönlichen Hallen total realistisch aus. Aber dann entdeckte man Rohre, die irgendwo einfach aufhörten, Treppen, die vor einer Wand endeten – oder eben Uhren, die falsch oder gar nicht liefen. Der Zahn der Zeit nagte auch am Bühnenbild.

Was vertraut aussieht, kann manchmal ganz schön unheimlich werden. Viebrock erzählte davon, wie lächerlich menschliche Hybris ist. Unsere Welt ist nicht so perfekt, wie wir es gern glauben möchten. Wir sind ziemliche Witzfiguren: Je wichtiger sich die Herren in den staatstragenden Anzügen nahmen, desto kindischer wirkten sie. Maximale Schrulligkeit war die Antwort auf die gesellschaftlichen Verwerfungen eines gemeinsamen Deutschlands und eines neuen Kapitalismus, der auf das Recht des Stärkeren setzte. Marthaler und Viebrock interessierten sich mehr für die Verlierer:innen der Geschichte. Für ihre Bockigkeit, ihr Widerstandspotenzial und ihre Verrenkungen. Theater wurde zur poetischen Reise in die Niederungen des Alltags, der trostlos und komisch zugleich sein kann. Theater idealisierte nicht mehr, es entzauberte. Und erzeugte gerade dadurch eine neue Magie.

Seelenlose Labyrinthe

Auch der gebürtige Steirer Martin Zehetgruber prägte mit seinen kühlen Bühnenräumen das Theater der späten 1990er- und 2000er-Jahre. Alles war grausam transparent, nirgends konnte man sich verstecken. Die Menschen wurden zu Exponaten im Zoo, einsam und getrieben. Ein zynischer Blick auf die Welt inszenierte sie wie Versuchstiere. Zehetgruber-Bühnenräume waren Labyrinthe ohne Ausgang. Man glaubte durch ein Mikroskop auf eine ermattete Gesellschaft zu blicken, die da auf der Drehbühne leere Kilometer machte. Die Nullerjahre dauerten von den Anschlägen am 11. September 2001 bis zum Lehman-Brothers-Bankencrash 2008. Damals wurde schmerzhaft bewusst, dass der moderne Turbokapitalismus mit seiner perfekten Oberfläche uns alle zu seelenlosen Zombies macht. Zehetgruber fand treffende Bilder dafür: Seine reduzierte Mid-Century-Architektur zeigte die Figuren als American Psychos, als rücksichtslose Yuppies, die sich selbst vernichten.

Ausstatterinnen und Ausstatter sind längst nicht mehr dazu da, Ideen der Regisseure und Regisseurinnen zu bebildern. Sie sind autonome Künstler:innen. Ohne den 2015 mit nur 54 Jahren verstorbenen Bert

Neumann hätte Frank Castorfs legendäre Berliner Volksbühne anders ausgesehen. Er prägte mit seinem Anti-Marketing die Identität des Hauses, druckte Programme auf graues DDR-Papier, erfand das Logo des Hauses, das Rad auf Beinen (aus der Gaunersprache), die leuchtenden OST-Schriftzüge. Kühlschränke und Cola-Automaten standen auf der Bühne herum. Alles wirkte provisorisch und selbstgebastelt – und verstand sich dezidiert als Widerstand gegen den stromlinienförmigen Marktgedanken, der den Osten des Landes wie einen Klon des Westens aussehen ließ. Neumann brachte den Wohncontainer auf die Drehbühne, die wie eine riesige Baustelle wirkte, mit Gerüsten, auf denen man herumturnen konnte.

Für den gefeierten Castorf-Abend *Der Idiot* (Volksbühne Berlin, 2002) baute er eine ganze Stadt, mit Supermarkt, Kneipe und Friseur. Neumanns berühmte Bungalows erforderten eine gänzlich neue Spielweise – und setzten einen Trend in Gang: die Livekamera. Was im Innenraum passierte, wurde gefilmt und auf Leinwände projiziert. Das erzeugte eine neue Intimität im Theater, plötzlich sah man Gesichter in Großaufnahme, zerfließende Schminke, große Gefühle und leeres Pathos. Videos und Livekameras sind mittlerweile aus dem Theater nicht mehr wegzudenken, für uns sind sie so selbstverständlich geworden wie das Handy vor Beginn der Vorstellung auf „Lautlos" zu stellen.

Gefangen in der Nebelwand

Weniger ist mehr: Die deutsche Bühnen- und Kostümbildnerin Katrin Brack wird als „Meisterin des Minimalismus" bezeichnet. Mit gewöhnlichen Bühnenbildern haben ihre Räume nichts gemeinsam. Sie entstehen live und sind mitunter ziemlich störrisch: Schauspieler:innen müssen mit und auch gegen sie arbeiten. Sie drohen in Nebelwänden zu verschwinden, sie werden, wie bei Dimiter Gotscheff in *Der Tartuffe* (Salzburger Festspiele / Thalia Theater Hamburg, 2006), fünf Minuten lang mit Konfettiregen berieselt. Die Bühnenräume von Brack sind flüchtig, sie haben eine eigene Poesie. Brack zeigt sehr deutlich: Die Ausstattung hat sich in den letzten 25 Jahren emanzipiert. Sie ist ein gleichwertiger Player geworden. Sie fordert die Regie und die Spielenden heraus. Sie rüttelt an dem ohnehin veralteten Bild der allmächtigen Regie. Und das ist gut so.

Katrin Brack hat mit ihrer innovativen Zugangsweise eine Tür geöffnet. Die nächste Generation geht viel freier damit um, was ein Bühnenbild alles sein kann. Wo spielen die rätselhaften, posthumanen Inszenierungen einer Susanne Kennedy überhaupt? In der Zukunft? In den unendlichen Weiten des World Wide Web? Im Kopf ihrer traurigen Figuren, die ihren Text aus dem Off eingespielt bekommen und nur synchron ihre Lippen dazu bewegen? Markus Selg, mit dem Kennedy meist für die Bühnengestaltung zusammenarbeitet, ist ein Multimediakünstler, der digitale Malerei, Skulptur, Film und Theater

Birgit Minichmayr und Nicholas Ofczarek in *Der Weibsteufel*, Bühne Martin Zehetgruber, Regie Martin Kušej, Akademietheater 2008

zusammendenkt. Seine quietschbunten und zugleich surreal abgründigen Rauminstallationen entführen in eine Welt der Computerspiele, der frühen Internet-Animationen und -Memes und psychedelischen Sci-Fi-Filme. Sie sind eine perfekte Ergänzung zu den Kennedy-Figuren, die wie auf Drogen wirken. Digitale Eso-Heilsversprechen treffen da auf niedliche Avatare. Selg und Kennedy finden betörende und verstörende Bilder für unsere Entfremdung in Zeiten einer digitalen Evolution. Dass ihre Dystopien live auf der guten alten Theaterbühne funktionieren, macht gerade das spannende Paradoxon aus: Man hat das Gefühl, sich im Internet verloren zu haben – aber zugleich war man ganz *oldschool* im Stadttheater.

Liquid Sky im Zuschauerraum

Auch bei dem Münchner Regisseur Alexander Giesche geht es viel um die Melancholie einer Menschheit, die sich aufgrund der Zerstörung ihrer Lebensgrundlagen gerade selbst abschafft. Betont leise, sehr undramatisch und oft auch mit dem Rücken zum Publikum sprechen die Schauspieler:innen bei Giesche: Unschärfe als Prinzip. Giesche ist meist für Regie und Bühne verantwortlich, „visual poems" nennt er seine Arbeiten. Luis August Krawen ist als freier Videokünstler meist mit im Team, um Computeranimationen zu entwickeln. Seine „video art" ist nicht mehr wie bei Castorf dazu da, Darstellende möglichst nah und realistisch heranzuzoomen. In *Die Angestellten* (Volkstheater, 2024) etwa wurden Livebilder auf Leinwände projiziert und dann verzerrt und gemorpht. Die Figuren schienen zu zerfließen. Sie interagierten spielerisch mit der Technik. Gegen Ende jagte ein Wolkenhimmel direkt über die Köpfe des Publikums. Mittels Lasertechnik wurde ein sogenannter Liquid Sky erzeugt. Das Design stammt von Matthias Singer, der dafür bekannt ist, Lichtinstallationen zu entwerfen. Er arbeitet sowohl in Clubs als auch im Theater. Als Vorbild nennt er die Natur, Wellen und Strudel im Wasser.

Licht ist etwas Flüchtiges. Theaterräume nähern sich Clubs an, in denen man rauschhafte Erfahrungen machen kann. Oder Museen, in denen Lichtinstallationen ausgestellt sind, die ihr Publikum sehr direkt ansprechen und einbeziehen. Selbst wenn die vierte Wand im Theater aufrecht bleibt, öffnen Lichtinstallationen den Bühnenraum, holen das Publikum immersiv ab. Ein gutes Beispiel dafür ist auch die französisch-österreichische Künstlerin und Choreografin Gisèle Vienne, die Puppen- und Schauspiel, Tanz, Licht und Sound zu Gesamtkunstwerken verschmilzt. Der Lichtdesigner Yves Godin arbeitet für *Extra Life* (Österreichische Erstaufführung 2024 im Tanzquartier Wien) mit Lasern, die Wände auf der Bühne entstehen lassen, um Tänzer:innen einschließen zu können. Aber auch im Zuschauerraum versinken die Köpfe in einem künstlichen roten Himmel. Ein Effekt, den man von Popkonzerten kennt.

Die Bühnenarchitektur ist ein flüchtiges Zusammenspiel aus Körper, Licht und Sound. Sie entsteht jeden Abend neu und live. Nicht mehr die Schauspieler:innen stehen unumschränkt im Zentrum, die Bühne ist ein polyphoner Ort geworden, an dem verschiedene Zeichen zusammenwirken. An dem Lichtstimmungen und Sounds eigene Geschichten erzählen. Wenn man das philosophisch deuten will, dann vielleicht so: Der Mensch ist nicht mehr das alleinige Maß aller Dinge.

Mein Beruf als Bühnenbildnerin hat mir viel Freude, Inspiration, endlos lange Arbeitstage, Sinnlichkeit, Lebendigkeit, schöne Begegnungen, Geduldsproben, Tüfteln, Verzweiflung und Begeisterung beschert. Und sehr viele neue Fragen:
Wie wechselt man im Kopf und Körper leichtfüßig zwischen verschiedenen Projekten und Themen hin und her? Wie gehe ich am besten damit um, eine junge Frau in einer Männerdomäne zu sein? Wie erfinde ich die Zeit und Ruhe für den nächsten Entwurf? Wann bekommen Kostümbildner:innen endlich gleich viel Respekt und Aufmerksamkeit wie Bühnenbildner:innen? Und wie lange dauert es noch, bis vermehrt über Regieteams anstatt über Regisseurinnen und Regisseure und ihre Inszenierungen berichtet wird? Warum macht es so große Freude, die eigene Kraft zu verschwenden? Wie regeneriere ich am besten? Wie laviert man durch das Doppelbesteuerungsdesaster? Und werden auch die Kulturbudgets und -gagen mal an die Inflation angepasst? Wie gehe ich am besten mit allen möglichen real existierenden Abhängigkeiten um und bleibe trotzdem innerlich möglichst unabhängig? Wie wird und bleibt Arbeiten im Kollektiv produktiv? Und wie behält und pflegt man den Humor?

Mirjam Stängl
Bühnenbildnerin

„Den Begriff Stadttheater finde ich großartig“

Das Klischee vom Provinztheater ist längst überholt. Irene Girkinger, Stephanie Gräve und Iris Laufenberg, die an BUNDESLÄNDERBÜHNEN Intendantinnen waren oder sind, sprechen über die Vorzüge und die Probleme von Theaterarbeit außerhalb der Metropole.

Von Julia Schafferhofer

Sie alle kamen aus anderen Städten und anderen Ländern nach Graz, Innsbruck und Bregenz. Erinnern Sie sich noch an Ihren ersten Eindruck von der Stadt und der Kulturlandschaft vor Ort?

Iris Laufenberg: Graz ist eine sonnige, freundliche und offene Stadt mit aufgeschlossenen Menschen, von der Straße bis zum Theaterbetrieb. Ich erinnere mich an einen sehr herzlichen Empfang. Woran ich mich aber ebenfalls genau erinnere: Die VIPs des Theaters haben mir immer erklärt, welcher politischen Farbe sie angehören. Das habe ich zuerst nicht verstanden, diese Wichtigkeit des Parteibuchs war mir neu. Das für mich Beeindruckendste und Wichtigste aber war: Die Menschen ließen sich schnell fürs Theater und vor allem für das neue, veränderte Theater begeistern.

Stephanie Gräve: Bregenz war erstmal klein, ich habe noch nie in so einer ländlichen Region gelebt. Eine Stadt mit 29.000 Einwohner:innen war gewöhnungsbedürftig. Vorarlberg ist schwarz-grün regiert. Ich dachte: Das kann nicht schlecht für die Kultur sein! Da gab es ein böses Erwachen. Die bürgerliche Partei ist hier nicht so kulturaffin, wie ich das aus Deutschland gewöhnt war. Von der Ausrichtung und vom Publikum her war das Vorarlberger Landestheater speziell: Ich habe ein überaltertes, gesellschaftlich recht homogenes Publikum vorgefunden, dominiert von einer bestimmten konservativen Schicht. Die war nicht so begeistert, dass sich etwas verändern könnte. Das erste Jahr war anstrengend.

Irene Girkinger: Ich hatte das große Glück, in eine Stadt zu kommen, in der Theater und Musik bzw. Kultur im Allgemeinen einen hohen Stellenwert haben. Es gibt in Innsbruck auch im Laienbereich große Lust, selbst Theater zu spielen und musikalisch aktiv zu sein. Theater ist präsent und wird auch konsumiert. Ich habe hier ein sehr lebendiges und interessiertes Publikum vorgefunden, das aber Veränderungen durchaus auch kritisch gegenübersteht. Der Stellenwert des Landestheaters innerhalb der Region ist enorm. Als größter Kulturbetrieb Westösterreichs hat das Mehrspartenhaus eine gewisse Geschichte und ist kultureller Impulsgeber in der Region. Gemeinsam mit dem Haus der Musik Innsbruck, das 2018 eröffnet wurde, und den ansässigen Körperschaften, wie zum Beispiel der Universität und dem Chorverband, sind wir Teil eines pulsierenden kreativen Pools, der frischen Wind in die Kulturszene bringt.

Den Österreicher:innen wird ja generell Theaterbegeisterung attestiert. Können Sie das bestätigen?

Gräve: Ich kam mit einer positiven Grundhaltung, Bregenz wirkt urban. 2018 war die Demo-Bewegung um „uns reicht's" sehr präsent, es gibt viele Menschen, die politisches Bewusstsein haben und Veränderung wollen. Ich musste nur anfangs feststellen, dass die nicht unbedingt in mein Theater kommen. Mittlerweile schon. Freundinnen und Freunde aus der Schweiz haben mir gesagt: Österreich ist viel theaterbegeisterter, die lieben das Theater. Allerdings muss man dazu sagen, dass Vorarlberg nicht typisch österreichisch ist. Man ist hier stärker auf Wirtschaft fokussiert, auf „Schaffe, schaffe, Häusle baue".

Laufenberg: Als Intendantin eines Bundesländertheaters wird man sehr schnell in die Gesellschaft einer Stadt aufgenommen. Das hilft, Multiplikatoren für das Theater zu finden und eine Stadt kennenzulernen. Damit sind sehr viele Türen aufgegangen, im Gegensatz zu meiner Zeit in der Schweiz. In der Schweiz zum Beispiel haben die Schauspieler:innen keine Wohnung bekommen, weil sie Schauspieler:innen waren – und in Graz haben sie gerade deswegen eine Wohnung bekommen. Und sie haben gleich noch den Schlüssel für die Nachbarwohnung zum Blumengießen dazubekommen. Generell gibt es ein anderes Bewusstsein für Kultur, sie hat einen anderen gesellschaftlichen Stellenwert.

Girkinger: Im kulturellen Kontext lohnt es sich, Tirol grenzübergreifend zu verstehen und auf die Internationalität der Stadt hinzuweisen. Wir sind Teil der Europaregion Tirol-Südtirol-Trentino. Das nehme ich sehr ernst. Man hört in der Stadt viel Italienisch und auch viel Englisch. Das möchten wir in unserem Programm abbilden und die Internationalität auf der Bühne stärker betonen.

Irene Girkinger

Stephanie Gräve

Italienisch ist auf Ihren Bühnen präsent, etwa in *Freiheit in Krähwinkel* ...

Girkinger: ... und es hat mich sehr gefreut, dass das überhaupt kein Thema gewesen ist! Ich sehe die Region bzw. Innsbruck als Drehkreuz zwischen Norden und Süden sowie Osten und Westen. Mich interessiert die Frage: Wo stehen wir da? Meine Idee ist es, ein europäisches Landestheater zu werden, wie gesagt, mit einer größeren Internationalität sowohl in den Ensembles und künstlerischen Teams als auch bei den Inhalten. Da ist auf vielen großen Bühnen des Landes meiner Meinung nach noch viel Luft nach oben. Ich wollte ein Zeichen setzen und zeigen: Bei uns sieht man die Diversität unserer Gesellschaft auf der Bühne – und man hört sie auch.

Sie leiteten oder leiten Landestheater in den Bundesländern, die man von der Größenordnung her nicht miteinander vergleichen kann. Wie stehen Sie zum Begriff Landestheater versus Stadttheater?

Laufenberg: Den Begriff Stadttheater finde ich großartig. Er besagt, dass man Theater für eine Stadt macht, ein Stammpublikum hat, diverse Gruppen von Menschen anspricht. Dass die jungen Menschen wissen, das ist ihr Theater. Vielleicht kann man es so sagen: Ein Stadttheater ist ein zentraler Ort in der Stadt, wie die Kirche, nur dass unsere auch immer noch stark angenommen wird.

Gräve: Ich muss mich immer konzentrieren, Landestheater zu sagen, weil ich in der Kategorie Stadttheater denke – ein Stadttheater eben für dieses Land. Bevor ich antrat, war am Haus wenig vorhanden, was man gemeinhin unter dem Begriff Öffnung versteht: Es gab kaum zusätzliche Veranstaltungen wie Lesungen, Diskussionen, Liederabende.
Also all das, was wir in den deutschen Stadttheatern mit der Muttermilch eingesogen haben. Die Öffnung in die Gesellschaft ist auch unsere Aufgabe. Für mich ist Stadttheater ein positiver Begriff.

Warum?

Gräve: Weil er impliziert, dass es etwas mit der Gesellschaft und dem Publikum zu tun hat. In Vorarlberg fehlte das adelige Theater und dann das erwachende bürgerliche Selbstbewusstsein, das ich zum Beispiel an St. Pölten oder Graz toll finde. Dass man aus dem Bürgerstolz heraus sagte: Wir bauen jetzt für uns und unsere Gesellschaft dieses Theater. Diese Tradition, worauf ich in Deutschland als Stadttheaterfrau mit Leib und Seele immer so stolz war, fehlt hier. Das Landestheater wird heuer als Landestheater erst 25 Jahre alt.

Laufenberg: Ich würde sogar noch eins für Berlin draufsetzen. Wenn die Kritik sagt: „Ah, Frau Laufenberg macht ja jetzt am Deutschen Theater in Berlin Stadttheater!" und damit „Theater aus der Provinz" meint, würde ich kontern: Nein, ich mache Stadttheater in Berlin – als Theater für die Stadt, für die Menschen, die hier leben –, aber eben auch darüber hinaus. Wir laden mehr Publikumsschichten ein, machen kein touristisches und auch kein rein bürgerliches Theater. Wir sind sehr breit aufgestellt, das hebt uns zum Beispiel vom Berliner Ensemble oder von der Schaubühne ab. Wir sind ein intellektueller Raum, haben eine Sparte, die sich explizit mit jungen Menschen beschäftigt und decken darüber hinaus vieles mit Veranstaltungen und Themensetzungen ab. Wenn also jemand sagt: Das DT ist *das* Stadttheater Berlins, dann bin ich stolz drauf.

Girkinger: Diese Begriffe sind stets ein großes Thema, wenn wir Intendantinnen und Intendanten uns treffen. Ich glaube aber auch sehr an den Begriff Landestheater, weil wir den Auftrag haben, ins Land zu gehen – insbesondere mit dem Jugendtheater. Wenn wir mit unserem Programm nicht nur das Publikum in Innsbruck erreichen wollen, muss das Theater in die Täler finden, und wir müssen es auch den Interessierten aus Tirol leicht machen, ins Theater zu kommen. Das hat in einer alpinen Region viel mit Infrastruktur zu tun. Wir begegnen dieser Situation mit abgestimmten Vermittlungsprogrammen und verschiedenen Kooperationen mit öffentlichen Verkehrsbetrieben.

Der Begriff Stadttheater behagt Ihnen nicht?

Girkinger: Doch, auch ich finde ihn wichtig, weil man gleichwohl die Stadt mitprägt und Theater sich auf sein Umfeld beziehen muss. Dennoch ist der Landestheaterbegriff für uns wichtig und richtig: Wir haben Angebote für bestimmte Bezirke, unser junges Theater geht in die Schulen im ganzen Land, und wir haben ein Netz aus Vertrauensleuten aus verschiedenen Tälern und dem bayerischen Raum, die in Gruppen bis zu 16-mal pro Jahr kommen und sich unterschiedliche Produktionen anschauen.

Was braucht es sonst noch, um in der Provinz neues Publikum zu erschließen?

Laufenberg: Man kann zum Beispiel nicht in Wien leben und in Graz Theater machen. Man muss sich auch persönlich der Stadt öffnen und Multiplikatorenarbeit leisten. Ich habe am Schauspielhaus Graz von einer auf drei Theaterpädagoginnen aufgestockt, weil ich finde, dass junge Menschen Theaterblut lecken, aber eben auch entsprechend an das Theater herangeführt werden müssen. Nicht als unbegleitete Pflichtveranstaltung in der Schule, sondern auf eine behutsame und dennoch fordernde Weise. Und ich hatte die Bürger:innen-Bühne im Angebot, wo Menschen verschiedenster Altersgruppen eingeladen waren, sich selbst zu engagieren und damit das Theater zu ihrem Theater zu machen.

Sie haben das Theater in Graz auch für Konzerte und Events geöffnet.

Laufenberg: Das ist doch super, wenn Leute dieses schöne Theater sehen, egal ob ihre Firma das Haus auch ohne Vorstellungsbesuch gemietet hat oder es eine andere Veranstaltung war, die hier stattgefunden hat. Auch so werden Barrieren und Vorurteile abgebaut. Im besten Fall wird eine Neugier geweckt auf diesen Ort und das Programm. Es wird von uns allen subventioniert. Wenn alle – aus unterschiedlichsten Gründen – etwas damit anfangen können, ist schon viel gewonnen. Ein Theater ist einer der wenigen Räume und Orte, wo man sich treffen und sich versammeln kann.

Wie funktioniert das in Westösterreich?

Gräve: Wir machen musikalische Projekte, haben bei der Zusammenarbeit mit Schulen und beim Programm für Jugendliche nachjustiert. Ich organisiere Demos mit, veranstalte Gesprächsformate mit Expertinnen und Experten wie Gerald Knaus sowie die Reihe „Christ:innen und Muslim:innen im Dialog“. Unsere Ausrichtung ist politisch. Einmal im Jahr vergeben wir einen Stückauftrag zu einem Vorarlberger Thema, zum Beispiel *Stromberger oder Bilder von Allem* von Gerhild Steinbuch. Einer meiner Schwerpunkte ist die Auseinandersetzung mit dem Nationalsozialismus, die in Österreich spät begonnen hat. Über eine programmatische Positionierung haben wir neues Publikum gewonnen. Es sind weniger die ganz Jungen, weil es keine Universität in Vorarlberg gibt. Und mir fehlte anfangs meine eigene Generation, von Mitte 40 bis 60. Die sind teils über gesellschaftspolitische Themen gekommen.

Girkinger: Es ist wichtig, Aufmerksamkeit bei Menschen zu generieren, die nicht regelmäßig ins Theater gehen, und sie niederschwellig abzuholen. Mit Themen, die sie interessieren, die sie aus anderen Kontexten kennen, oder Themen, von denen sie unmittelbar betroffen sind. Auch für mich sind Auftragsstücke ein wichtiges Mittel, die Region mit dem Theater zu verweben. Geschichtliche und gesellschaftspolitische Themen müssen dort auf der Bühne erlebbar werden, wo sie auch passieren. Das kann in dokumentarischem Stil stattfinden oder als Literatur. Auftragsstücke sind ein Grundpfeiler meiner Arbeit. 2024 war das *Café Schindler* nach einer biografischen Erzählung von Meriel Schindler, in der die nationalsozialistische Geschichte Innsbrucks aufgearbeitet wird. In der Saison 2024/25 kommt Lisa Wentz’ Stück *Verlangen*, das einen starken Konnex zum ländlichen Tirol herstellt, zur Uraufführung.

Eine Möglichkeit, über die Region hinaus Aufmerksamkeit zu erhalten, sind Kooperationen.

Laufenberg: Ja, aber dabei geht es immer um die Vernetzungen innerhalb und außerhalb der eigenen Stadt. Wir haben in Graz u.a. mit dem Theater im Bahnhof kooperiert, viele Vernetzungsaktionen gehabt, den Internationalen Frauentag bei uns veranstaltet. Das Theater war ein Ort, an dem man zusammenfindet. Es ist ein bisschen schade, dass das auf politischer Ebene anders funktioniert. Ich persönlich bin kein Fan davon, dass jemand politisch beauftragt wird, die Bühnen zu beaufsichtigen. Ich schätze den direkten Kontakt zu Politiker:innen sehr.

Girkinger: Sie sind durchaus von Relevanz. In Innsbruck vernetzen wir uns auf regionaler, nationaler und internationaler Ebene: zum Beispiel mit den Klangspuren, der Innsbrucker Kunstbiennale, der Stiftung Haydn, Opera Europa und vielen mehr. Das wollen wir noch weiter verstärken, auch wenn Kooperationen und Koproduktionen aufgrund der Struktur von Häusern komplex und alles andere als einfach sind. Bei meiner Arbeit in Südtirol habe ich gesehen, dass die Vereinigten Bühnen Bozen durch eine Zusammenarbeit mit dem Rabenhof, dem Landestheater St. Pölten, dem Stadttheater Klagenfurt etc. kein unbeschriebenes Blatt mehr waren. Dennoch ist Kooperation auf struktureller Ebene nicht alles. Ich bin überzeugt davon, dass in erster Linie über die passenden Projekte und Inhalte sowie über die Qualität Aufmerksamkeit generiert wird, indem man sich bemüht, die besten Regieteams, Spieler:innen und aufstrebende junge Talente fürs Ensemble zu bekommen. Jene, die auch in größeren Gefilden unterwegs sind und dann wegen des interessanten Projekts zu uns kommen.

Gräve: Das Fehlen universitären Publikums beeinflusst die Stoffwahl, auch bei Kooperationen. Ich setze auf Koproduktionen mit der Schweiz – 2024/25 zum Beispiel eine Uraufführung mit dem Theater Neumarkt –, immer gebunden an Themen und Künstler:innen.

Wie ist der Beziehungsstatus von Provinz und Wiener Theaterlandschaft?

Laufenberg: Toll! Zwischen Wien und Graz gibt es viele Connections. Ich selbst habe nach Wien schauen können – und Wien schaut auch auf Graz. Acht Jahre hatte ich in Graz gute Möglichkeiten zur Entwicklung von Talenten. Claudia Bossard hat in Graz auf der großen Bühne viel ausprobieren können, dann führte ihr Weg sie nach Wien, nach München, nun nach Berlin. Am DT inszenierte sie die Uraufführung *Baracke* von Rainald Goetz mit großem Erfolg bei Publikum und Presse. Das ist das Gute an der sogenannten „Provinz" – es gibt eine andere Art von Freiheit, und dann bekommt das Ganze im besten Fall Flügel. Auch die Zusammenarbeit mit dem Regisseur Jan-Christoph Gockel hat in Bern und Graz angefangen. Das sind gewachsene, vertrauensvolle Verbindungen, das spürt man. Ein „Einkaufen" war mir noch nie wichtig. Oder Nikolaus Habjan, ein Grazer, der in Berlin gefeiert wird. Das hat Berlin noch nicht gesehen: ein Künstler mit Puppen auf der großen Bühne des DT!

Girkinger: Es ist immer schon so gewesen, dass es das Theater in den großen Städten und das Theater in den Regionen gibt. Das ist kein Entweder-oder, sondern ein Sowohl-als-auch. Natürlich schauen alle in den Bundesländern, was die Theater in Wien machen. Aber ich

Iris Laufenberg

gehe davon aus, dass auch die Theaterschaffenden in Wien schauen, was sonst im Land passiert. Nimmt man den Job ernst, ist das keine Einbahnstraße. Was schmerzt, ist, dass es medial schwierig ist, überregionale Aufmerksamkeit zu generieren.

Welche Chancen und Vorteile birgt die Arbeit in der Provinz noch?

Laufenberg: Andere Freiheiten, andere Möglichkeiten: Aber ich finde es wichtig, auch auf das einzugehen, was das Publikum braucht, ohne es despektierlich zu meinen, „dem Affen Zucker geben" – österreichische Literatur, Dialekt bzw. Mundart auf der Bühne. Stadttheater ist, wie schon gesagt, etwas aus der Stadt heraus, immer für die Stadt und in erster Linie für das Publikum vor Ort – im allerbesten Fall auch darüber hinaus. Das ist uns in Graz geglückt, und der Erfolg der sogenannten Grazer Übernahmen am DT beweist es allemal.

Girkinger: Dass man vor Ort die Nummer eins ist. Diese Position kann man stärken; bei gleichzeitig vorhandenem Entwicklungspotenzial. Man kann als Impulsgeberin einer Region agieren. Das ist in größeren Städten schwieriger. Mich reizt die Idee eines Theaters für alle: von jung bis alt, von aufgeschlossen bis konservativ, von Opernliebhaber:in bis Musicalfan. Und das alles unter einem Dach – von den Werkstätten bis zur Ausstattung.

Girkinger: Als ich 2018 angetreten bin, dachte ich, es gehe „nur" darum, tolles Theater zu machen. Dann kam die Pandemie, mit Budgetkürzung und finanzieller Unsicherheit, und ich sah schnell: Es geht darum, dass das Theater überleben kann und akzeptiert wird. Es wurde öffentlich hinterfragt, ob es das Landestheater braucht. Und jetzt? Die Pandemie ist vorbei, das Publikum kommt. Wir haben zwei Kriege, die uns nah betreffen (und ferne weitere), wir haben eine entsetzliche Klimasituation. Ich versuche den Menschen Themen zu geben und ihnen andere Orte anzubieten, an denen sie sich begegnen können.

Ihr Wunsch bzw. Appell an die Kulturpolitik?

Girkinger: Was sich alle wünschen: eine Selbstverständlichkeit, die die Kultur als Wert für die ganze Gesellschaft hat. Ich komme aus dieser Generation, wo man sich immer rechtfertigen musste, warum es Theater braucht. Immer ist zu wenig Geld da, immer sind die Mittel knapp. Ich würde mir wünschen, dass vor allem die freie Szene nicht mehr dafür kämpfen muss, dass Fair Pay selbstverständlich ist.

Gräve: Weniger ein Appell an die Kulturpolitik, denn die sollte eh auf unserer Seite sein, sondern überhaupt an die Politik: Ich wünsche mir die Erkenntnis, wie wichtig Kultur gerade in Krisenzeiten ist; dass wir der Gesellschaft Wesentliches geben können und dass es dafür einfach die notwendigen Ressourcen braucht.

Laufenberg: Der Stellenwert von Kunst und Kultur für eine Gesellschaft darf nicht in Frage gestellt, er muss weiter gefestigt werden. Auch in Zeiten von knappen Kassen, Krisen, Katastrophen und Kriegen braucht die Gesellschaft das Theater – als den Ort einer Stadt, an dem Versammlung, Austausch und Diskussion stattfinden – mehr denn je.

Stephanie Gräve
Geboren 1968 in Duisburg. Studierte Theaterwissenschaft, Germanistik und Philosophie. Erstes Engagement 1995 als Dramaturgin am Theater Oberhausen. Weitere Stationen: Schlosstheater Moers, Theater Bonn (u. a. Chefdramaturgin), Theater Basel (u. a. stv. künstlerische Direktorin). 2015/16 Schauspieldirektorin in Bern. Seit 2018 ist Gräve Intendantin des Vorarlberger Landestheaters. Darüber hinaus ist sie im Vorstand des Internationalen Theaterinstituts sowie des Vereins art but fair tätig.

Vorarlberger Landestheater
Gegründet 1945, ab 1948 von Privatunternehmen als „Theater für Vorarlberg" betrieben. Seit 1999 ist das Haus in die Holding „Vorarlberger Kulturhäuser Betriebsgesellschaft mbH" des Landes Vorarlberg eingegliedert und wird als Landestheater geführt.

Sitzplätze: 540
Ensemblemitglieder: 6
Premieren pro Jahr: bis zu 12
Budget: 5,4 Millionen Euro

Irene Girkinger
Geboren 1976 in Linz. Studierte Romanistik in Salzburg und Paris sowie Kulturmanagement in Wien. Stationen: Schauspielhaus Salzburg, Sommerszene Salzburg, Ars Electronica, Salzburger Festspiele (u. a. Produktionsleiterin *Jedermann*). 2005 bis 2007 Dramaturgin am Theater Phönix in Linz, 2007 bis 2011 am Volkstheater Wien. Von 2012 bis 2023 war Irene Girkinger Intendantin der Vereinigten Bühnen Bozen, seit September 2023 ist sie geschäftsführende Intendantin der Tiroler Landestheater und Orchester GmbH Innsbruck.

Tiroler Landestheater
Gegründet 1629 als „Comedihaus" Erzherzog Leopolds
Mehrspartenhaus: Tiroler Landestheater (3 Bühnen), Haus der Musik Innsbruck (2), Congress Innsbruck (1)

Sitzplätze: Großes Haus ca. 800, Kammerspiele 214
Premieren pro Jahr (Schauspiel): 30
Gesamtbudget (alle Sparten): 33 Millionen Euro

Iris Laufenberg
Geboren 1966 in Köln. Studierte Drama, Theater und Medien in Gießen. Stationen: u.a. Schauspiel Bonn, Bremer Theater, Bonner Biennale (u. a. künstlerische Leitung). Von 2003 bis 2011 leitete sie das Berliner Theatertreffen, von 2012 bis 2015 war sie Schauspieldirektorin am Konzert Theater Bern. 2015/16 übernahm sie die geschäftsführende Intendanz des Grazer Schauspielhauses, seit 2023/24 ist sie Intendantin des Deutschen Theaters Berlin.

Schauspielhaus Graz
Eröffnet am 9. September 1776, 1823 abgebrannt, 1825 als ständisches Theater wieder aufgesperrt. 1952 musste das Schauspielhaus aus Sicherheitsgründen schließen, 1964 wurde es wiedereröffnet.
Iris Laufenberg war von 2015/16 bis 2022/23 geschäftsführende Intendantin in Graz. Seit der Spielzeit 2023/24 hat Andrea Vilter die künstlerische Leitung inne.

Sitzplätze: Großes Haus 520
Ensemblemitglieder: 22
Premieren pro Jahr: ca. 20
Gesamtbudget: 13,3 Millionen Euro

Theater in seiner minimalsten Form (Umfang, Raum und Zeit betreffend) ist keineswegs als kulturelle Sparmaßnahme misszuverstehen – im Gegenteil: Dass so „große" Themen wie die Vertreibung aus dem Paradies auch im Rahmen eines Kürzestdramas einen pointierten theatralen Kommentar erfahren können, der an Tiefgründigkeit und Witz nichts vermissen lässt, das zeigte das Kabinetttheater in seinem 2004 mit dem Nestroy-Preis prämierten Programm *Sündenfälle. Ein Beitrag zur Osterheiterung* mit Theaterminiaturen von Konstanty Ildefons Gałczyński und Daniil Charms. „Ein Minidrama", sagt Karlheinz Braun im Vorwort zu seiner Sammlung *100 Minidramen von 100 Autoren*, „ist oft der kürzeste Weg zur Erhellung szenischer Pointe." Das Kabinetttheater widmet sich seit nunmehr über 30 Jahren unter anderem auch dieser Gattung und hat in dieser Zeit über 60 Minidramen – 20 davon sind Auftragswerke an renommierte Autorinnen und Autoren – zur Aufführung gebracht.

Julia Reichert
Theaterleiterin

Am Theater sind wir aufeinander angewiesen. Das kann anstrengend sein, aber auch überraschend und toll. Dabei ist es wichtig, den eigenen Anspruch an die Arbeit konsequent, aber respektvoll zu vertreten. Als Bühnenbildnerin stehe ich in besonders engem Austausch mit den technischen Abteilungen des Theaters. Ihr Engagement und ihr Wissen haben mir oft Unmögliches ermöglicht, wofür ich sehr, sehr dankbar bin.

Katrin Brack
Bühnenbildnerin

Yeah, Baby!

Von Beginn an war Nachwuchsförderung eines der Ziele des Nestroy. Ist das gelungen? Mit dem NACHWUCHSPREIS ausgezeichnete Künstler:innen erinnern sich an überraschende Nominierungen, überwältigenden Zuspruch, glückselige Galaabende – und stille Telefone danach.

Von Wolfgang Huber-Lang

Die Geschichte der Nestroy-Nachwuchspreise begann mit einem Paukenschlag. Das Trio, das im Jahr 2000 als Zukunftshoffnung nominiert wurde, ist heute aus dem Who is Who des zeitgenössischen Theaters nicht wegzudenken: Birgit Minichmayr, August Diehl und Jens Harzer. Die damals 23-jährige Minichmayr, heute mit prominenten Auftritten im Burgtheater und in Berlinale-Filmen am Höhepunkt ihres Könnens, machte bei der ersten Nestroy-Gala im Theater an der Wien das Rennen (für ihre Darstellung der Rosa Blau in Karlheinz Hackls Inszenierung von Johann Nestroys Posse *Der Färber und sein Zwillingsbruder* am Burgtheater). Diese Dichte künftiger Superstars im Nominiertenfeld wurde nie mehr erreicht. Danach ging es bergab. Oder besser: auf und ab. Denn zwar wurden nicht durchwegs die Stars von morgen gekürt, doch immer wurde Anerkennung gezollt und Aufmerksamkeit verschafft. Und mitunter wurde der Nachwuchspreis tatsächlich zum Karrieresprungbrett.

„Sichtbarkeit für Junge ist toll“

Gertrud Drassl trug 2003 nicht nur die goldene Statuette für den Nachwuchspreis nach Hause, sondern erhielt bald darauf auch einen Anruf von Regisseur Michael Kreihsl, der sie zum Casting einlud. „Er hat gesagt, dass er durch meine Dankesrede auf mich aufmerksam wurde“, erinnert sich die Schauspielerin. Die damals 25-Jährige wurde gleich für zwei Rollen, nämlich für ihre mit tieftrauriger Kindlichkeit ausgestattete Hedwig in Ibsens *Die Wildente* im Theater in der Josefstadt (Regie: Dietmar Pflegerl) und ihre kapriziöse Olivia in Shakespeares *Was ihr wollt* bei den Sommerspielen Perchtoldsdorf (Regie: Michael Sturminger) ausgezeichnet. An die damalige Gala im Ronacher erinnert sich Drassl aus mehreren Gründen besonders gerne: „Die Gestaltung des Abends durch das Grazer Theater im Bahnhof hat mir besonders gut gefallen, meine Familie war da und hat sich mit mir gefreut. Ich bin danach noch lange mit Simon Jaritz und Julia Cencig, die gemeinsam mit mir nominiert waren, zusammengesessen, und wir haben ganz ohne Konkurrenzneid unsere Nominierungen gefeiert. Wir fanden es toll, dass man dadurch als Junge Sichtbarkeit bekommt. Manchmal macht in unserer Branche so ein kleiner Input schon den entscheidenden Unterschied.“ Drassl bekam übrigens tatsächlich die Rolle in Michael Kreihsls Fernsehfilm

Der arme Verschwender. 2024 beeindruckte sie in Antonin Svobodas Spielfilm *Persona Non Grata* über Missbrauch im Skisport.

„Das Telefon blieb still"

2004 wurde der 28-jährige Xaver Hutter ausgezeichnet. „Als ich damals im Volkstheater, zu Beginn der Proben von Franzobels *Mozarts Vision* als Nannerl in einem Krinolinen-Kleid stehend, eine zerfledderte Perücke und übergroße Silikon-Brüste tragend, auf der Bühne stand, dachte ich, das wird wohl das Ende meiner Karriere werden", erinnert er sich. „Tja, so kann man sich täuschen." Nicht nur für diese Rolle, auch für seinen Karl Rossmann in Kafkas *Amerika* wurde er geehrt. „Oh, wie stolz ich schon allein darauf war, nominiert zu sein. Ich, der niemals eine Schauspielschule von innen gesehen hat. Und als ich dann auch noch gewann, hielt ich die wohl kürzeste Dankesrede der Nestroy- Preis-Geschichte. Alles, was ich sagen konnte, war: ‚Yeah, Baby!'". Am Theater hat der Sohn der Kostümbildnerin Birgit und des Malers Wolfgang Hutter in der Folge nie wirklich Fuß gefasst. Im Film, wo sein Stern 1996 mit Stefan Ruzowitzkys *Tempo* aufgegangen war, ist er jedoch viel beschäftigt. „Es ist sehr schwierig, wirklich feststellen zu können, ob ein Preis einem weiterhilft. Ich denke: ja und nein. Ich habe einige erhalten, aber meistens blieb das Telefon nach den Verleihungen für eine längere Zeit merkwürdigerweise still", zieht er nüchtern Bilanz. „Ein Preis ist gewissermaßen ein ‚Schmetterling im Mitteilungsheft'. Eine Momentaufnahme.

Gerti Drassl

Man ist dankbar und darf sich eine Nacht lang feiern lassen, aber am nächsten Tag beginnt wieder alles von vorne.“

2011 durfte sich Franziska Hackl, damals 28, feiern lassen. „Ich habe mich an dem Abend wohl und leicht gefühlt. Liebe und noch liebere Menschen um mich herum. Große Freude. Champagner. Das darf schon mal abendfüllend sein. Mein Vater war auch noch da. Wunderbar“, sagt die Tochter des Schauspielerehepaars Karlheinz Hackl und Brigitta Furgler, die von 2011 bis 2015 Ensemblemitglied am Wiener Schauspielhaus war und für eine Rolle in *Grillenparz* von Thomas Arzt ausgezeichnet wurde. „Die Nominierung war eine Überraschung für mich. Ein neuer Text, eine krude Figur – außergewöhnlich, ja, aber nicht im Sinne der Preisverdächtigkeit. So denke ich nicht, das ist ja meine Arbeit. Tatsächlich hat es mich aber sehr gefreut, dass meine erste große Rolle in Wien so wahrgenommen wurde.“
Dass ihr der Preis – dem zwei Jahre später eine Nestroy-Nominierung in der Kategorie Beste Schauspielerin folgte – unmittelbar genützt hat, bezweifelt sie in der Rückschau. „Es gab flüchtiges mediales Interesse, ein paar hübsche Hochglanz-Fotostrecken, Interviews, so etwas. Ich war damals zufrieden, wie es war, mit der Arbeit, die ich hatte. Um sofort reicher und berühmter zu werden, hätte ich wohl noch mehr angeben müssen.“ Doch Franziska Hackl hat keinen Grund zur Klage. Sie spielte in Köln, Klagenfurt, Basel und am Wiener Akademietheater, war mehrfach mit Produktionen beim Berliner Theatertreffen und auch bei der Kritikerumfrage von *Theater heute* mehrmals als „Schauspielerin des Jahres“ genannt. Seit 2019/20 war sie am Residenztheater München engagiert, seit Herbst 2024 ist sie im Ensemble des Burgtheaters. „Tatsächlich läuft meine Karriere meist kongruent mit meinem Bauchgefühl. Also, wohin ich gehe, wer und was mich dazu bewegt. Dazu kommen dann noch besonders glückvolle Begegnungen. Ob mich aber schon mal jemand besetzt hat, weil der Nachwuchspreis in der Vita Interesse weckt, wer weiß.“

„Riesenfreude und Ehre“

Blättert man in den Annalen des Nestroy-Preises, stößt man in der Liste der Sieger:innen der Nachwuchs-Kategorie immer wieder auf heute bekannte Namen. Johanna Wokalek hat diese Auszeichnung (2002) ebenso gewonnen wie Katharina Straßer (2007), Sarah Viktoria Frick (2010), Maresi Riegner (2017) oder Felix Kammerer (2022).
Oft waren die späteren großen Theater- und Filmkarrieren bereits absehbar oder zumindest das außergewöhnliche Talent spürbar. Wer erinnert sich nicht an den fulminanten Auftritt in Wolfram Lotz’ *Die lächerliche Finsternis* im Akademietheater, mit dem Stefanie Reinsperger 2015 als „schwarzer Neger aus Somalia", der an der Hochschule Mogadischu Piraterie studiert hat, drei Preise abräumte – inklusive dem Nestroy in der Kategorie Bester Nachwuchs weiblich?
Für viele bedeutete der Nachwuchspreis einen Karriere-Anschub. Raphaela Möst etwa konnte 2014 den Nestroy-Preis für ihre Agnes in

Raphaela Möst

Die Geschichte vom Fräulein Pollinger nach Ödön von Horváth in einer Inszenierung auf der Probebühne des Theaters in der Josefstadt entgegennehmen. „Allein schon die Nominierung als Bester Nachwuchs war für mich natürlich eine Riesenfreude und besondere Ehre. Damals wurde noch nicht zwischen den Geschlechtern unterschieden, es gab nur einen Nachwuchs-Preis. Dass ich diesen dann auch noch gewann, beschied mir nicht nur eine berauschende Nestroy-Feier, sondern half mir definitiv auch in meiner Karriere", blickt sie zurück.

„Ich war damals nach meinem Erstengagement am Theater in der Josefstadt zum ersten Mal freischaffend und kurz davor, aus Angst vor der Arbeitslosigkeit ein Engagement an einem Theater anzunehmen, was mir eigentlich Bauchschmerzen bereitete. Der Nestroy-Preis hat das Gott sei Dank verhindert", so Möst. „Ich würde sagen, als frische Nestroy-Preisträgerin begegneten mir viele Intendanten mit einem ordentlichen Vertrauensvorschuss. Florian Scholz bot mir am Stadttheater Klagenfurt ein paar Monate nach der Preisverleihung die Titelrolle in *Nora* an (Regie: Mateja Koležnik), und bei Martin Kušej konnte ich zwei Produktionen am Residenztheater München machen. Als ich ein paar Jahre später den Bochumer Theaterpreis gewann, wurde bei der dortigen Verleihung aus meiner Nestroy-Laudatio zitiert." Nach Bochum folgten das Stadttheater Klagenfurt, das Theater Phönix in Linz sowie die Sommerspiele Perchtoldsdorf; die 37-Jährige arbeitet auch als Regisseurin. „Manchmal begegne ich noch Leuten, die sich an meine Dankesrede von der Nestroy-Gala damals erinnern, das freut mich besonders."

„Nicht mehr von dieser Welt"

Stefan Rosenthal, Nachwuchs-Preisträger des Jahres 2013, ist seit damals unverändert Mitglied des Theaters der Jugend, einem Haus, das sich immer besonders um Nominierungen in der Nachwuchs-Kategorie bemüht hat (und auch siebenmal gewinnen konnte). „Wenn es heißt, es ist jemand von der Nestroy-Jury in der Vorstellung, erhöht das immer den Aufregungspegel", schmunzelt der Schauspieler. „Toll, dass Direktor Thomas Birkmeir sich so für junge Talente einsetzt. Man weiß: Da steht das Haus sehr dahinter." Rosenthal blickt gerne auf die Produktion zurück, mit der er damals siegreich war. In *Wie man unsterblich wird* von Sally Nicholls spielte er einen leukämiekranken Buben, der sich vom drohenden Tod den Spaß am Leben nicht verderben lassen will. „Das Stück war für uns alle etwas Besonderes, sehr emotional. Wir haben das 60-, 70-mal gespielt, häufig mit Tränen in den Augen." Schon als damals die Nominierung ins Haus flatterte, „war ich mehr als baff. Die Preisverleihung war dann der Wahnsinn. Das lässt sich nicht toppen. Als mein Name fiel, war ich gar nicht mehr von dieser Welt."
Freilich stellte er auch bald fest: „Der Alltag kommt schnell wieder." Und der Alltag heißt für den heute 40-jährigen Vater zweier kleiner Töchter weiterhin: Theater der Jugend. „Ich hab auch gar nicht groß

Stefan Rosenthal

nachgedacht, was ich mit diesem Preis vielleicht alles erreichen könnte. Ich bin wohl ein untypischer Schauspieler, folge keinem Karriereplan. Ich bin ein treuer Mensch. Wenn ich mich wo wohlfühle, mag ich dort bleiben. Mich hat immer gefreut, dass ich am Theater der Jugend große und schöne Rollen spielen durfte. Da gibt es genug Herausforderungen. Natürlich wäre das eine oder andere Abenteuer, etwa beim Film, schon aufregend. Aber alles geht eben nicht."

„Keine pyramidenförmige Strukturen"

Nicht immer sind es Schauspieler:innen, die mit Nachwuchs-Preisen geehrt werden. So wurde 2023 erstmals eine eigene Nachwuchs-Kategorie für Text, Bühne, Kostüm oder Musik eingeführt (und von Autor:in Selma Kay Matter gewonnen). Immer wieder kamen auch Regisseurinnen und Regisseure zum Zug. 2001 ging der Preis an den früh verstorbenen Georg Staudacher, 2006 an Nuran David Calis, 2012 an Miloš Lolić, 2019 an Moritz Franz Beichl, 2020 an Bérénice Hebenstreit und Mathias Spaan.

2017 wurde Felix Hafner als Regisseur für einen am Volkstheater auf das Wesentliche reduzierten *Menschenfeind* von Molière ausgezeichnet. Der damals 25-Jährige wurde richtig überrumpelt. „Ich hatte ja gerade erst angefangen. Es war mein erstes Jahr. Es ist natürlich gut, so etwas als Einstieg zu bekommen – aber es war wie eine Standortbestimmung, wie eine Ware, mit der gehandelt wird." Spricht man heute mit ihm darüber, überwiegen die kritischen Gedanken. Er habe mit seinem veränderten Framing vom „Jung-Regisseur" zum „Nestroy-Preisträger" zwar einige Angebote bekommen, doch ist *Der Menschenfeind* für Hafner „eine Produktion, mit der ich mich heute gar nicht mehr identifizieren kann. Ich habe später viel bessere Arbeiten gemacht, Sachen, zu denen ich mehr stehen kann."

Heute sieht Hafner den Nestroy-Preis als Teil eines Systems, das reformiert gehört. Deswegen hat er eine Preisverleihungs-Gala als Hintergrund gewählt, als er 2024 mit seinem an der Schnittstelle von Theater und Journalismus arbeitenden interdisziplinären Kollektiv „Institut für Medien, Politik und Theater“ Erfahrungen von Machtmissbrauch im Theaterbetrieb auf die Bühne brachte. In *Nestbeschmutzung* waren verlogene Moderationen zu sehen, die noch die ärgsten Berserker und Ungustln als „Enfant terrible" und „Bühnen-Berserker" schönreden, Dankesreden, die immer mehr die Form einer Anklage annehmen, und Smalltalk bei der Afterparty, wo man in berauschender Atmosphäre ernüchternde Erfahrungen austauschen kann. Das alles wirkte ziemlich aus dem Leben gegriffen, und wenn Hafner in Fahrt kommt, fällt ihm noch vieles ein, was einem an so einer Nestroy-Gala aufstoßen kann – von der eitlen Ich-Bezogenheit einer Branche bis zur Gönnerhaftigkeit, mit der die Freie Szene behandelt wird. „Das alles ist ein Spiel, bei dem man halt mitmacht, wenn man einsteigt. Es ist schwer, sich davon zu befreien. Aber es lohnt sich.“

Lohnt es sich auch, den Nestroy-Preis zu reformieren? Ein paar Ideen dafür hätte Hafner durchaus. Moderationstexte etwa, die so kundig wie politisch sind und es nicht mehr den Ausgezeichneten alleine überlassen, Substanz in die Veranstaltung zu bringen. Ein breiteres Feld an nominierten Häusern. Ein Preis für das beste Ensemble – damit eine Hierarchie, die man in der Arbeit strukturell verändern möchte, nicht durch Auszeichnungen für Einzelleistungen immer wieder aufs Neue betont wird. „Ziel sollte sein, dass das System an sich nicht mehr so pyramidenförmig funktioniert.“ Der Preis für die beste Strukturreform wäre denen, die das schaffen, wohl sicher.

Anna Rot und Felix Hafner

Seit mehr als 90 Jahren ist das Theater der Jugend ein unverzichtbarer Pfeiler im kulturellen Fundament der Stadt Wien. Es hat sich der Aufgabe verschrieben, eine offene, reflektierende und kreative Gesellschaft zu fördern und jungen Talenten nicht nur eine Bühne, sondern auch eine Stimme zu geben. Die Nestroy-Jury hat diese Leistung in der Vergangenheit mit 28 Nominierungen und 7 Preisen gewürdigt. Dieses Jubiläum ist weit mehr als ein nostalgischer Rückblick – es ist ein Versprechen für die Zukunft, die Förderung junger Talente fortzusetzen und das Theater, speziell für junge Menschen, als pulsierenden Teil unserer Kultur zu erhalten. Mit einem Augenzwinkern und voller Zuversicht richtet das Theater der Jugend den Blick nach vorne, entschlossen, kommende Generationen mit der einzigartigen Energie und dem Zauber des Theaters zu fesseln und zu inspirieren.

Thomas Birkmeir
Regisseur und Intendant

Kunst um jeden Preis? Nein, danke!

Auf der Bühne stehen das Schöne, Wahre und Gute auf dem Programm. Aber was läuft hinter den Kulissen? Wie stellt sich das THEATER ALS ARBEITSPLATZ aktuellen Themen wie Diversität, Machtmissbrauch und Klassismus?

Von Karin Cerny

Warum nicht mit einer Anekdote beginnen? Anfang der 1990er-Jahre war ich mit meinem Studium fertig – und beschloss, mich für eine Hospitanz in der Dramaturgie des Burgtheaters zu bewerben. Claus Peymann hatte als Direktor frischen Wind nach Wien gebracht. Der Übertreibungskünstler Thomas Bernhard und er thematisierten die unzureichend aufgearbeitete Nazi-Vergangenheit Österreichs und brachten auch sonst einige Tabus zur Sprache. Mit welcher Freude die beiden provozierten, das hat mir imponiert. Als ich Peymann dann beim Vorstellungsgespräch gegenübersaß, meinte dieser: „Sie wissen schon, im Theater zu arbeiten, das ist wie in ein Kloster einzutreten. Sie müssen alles andere hinter sich lassen." Ich dachte, ich höre nicht richtig. Meine Freiheit für einen Job opfern? Sicher nicht. Das muss doch beides gehen: Leben und Kunst.

Damals herrschte an der Burg eine Atmosphäre der Angst. Alle ließen Peymanns Launen über sich ergehen wie Naturgewalten. Der Chef wollte, dass man keine bunte Kleidung trägt. Okay, kamen eben alle in neutralem Schwarz. Damals erzählte man sich Peymanns Entgleisungen als Anekdoten, wahrscheinlich, um selbst darüber lachen zu können. Retrospektiv muss man sagen: Es waren keine harmlosen Anekdoten. Es war nicht in Ordnung, wie selbstherrlich ein Direktor da über seine „Untertanen" bestimmte. Hat sich seitdem etwas zum Besseren verändert im Theater? Jein, zumindest ist man mittlerweile skeptisch, wenn von (männlichen) Genies die Rede ist. Diejenigen in der zweiten und dritten Reihe haben plötzlich auch eine Stimme.

Fehlende Transparenz

Trotzdem bleibt ein grundlegendes Problem im Theaterbetrieb: Man heftet sich das Schöne, Wahre und Gute auf die Fahnen, positioniert sich als wackerer Kämpfer für Gerechtigkeit, aber im Alltag hinken die meisten Bühnen diesem Anspruch hinterher. Erstaunlich hierarchisch sind die großen Theatertanker nach wie vor, meist steht an der Spitze ein Mann, der das unumschränkte Sagen hat. Der Herr Direktor kann im Alleingang entscheiden, wer welche Rolle bekommt, ob ein Vertrag verlängert wird oder nicht. Diese Abhängigkeiten und die fehlende Transparenz, warum Entscheidungen getroffen werden, verhindern natürlich auch Solidarität untereinander: Alle sind sich selbst die oder der Nächste.

Das Gehalt wird meist direkt ausverhandelt, da ist es um Vergleichswerte schlecht bestellt, gerade was Geschlechterverhältnisse betrifft. Laut der Recruiting-Seite Glassdoor betrug das Gehalt als Schauspieler:in in Österreich 2023 im Durchschnitt 35.000 Euro brutto pro Jahr, da sind Freie genauso eingerechnet wie Angestellte. Von Altverträgen am Burgtheater aus den 1980er-Jahren mit laut *Salzburger Nachrichten* kolportieren 6.000 bis 9.000 Euro brutto im Monat, 14-mal im Jahr, kann eine jüngere Generation nur träumen. Die Verträge sind kürzer geworden, gelten oft nur für ein, zwei Spielzeiten. Dadurch steigt erneut die Macht der Intendantinnen und Intendanten, die willkürlich verlängern oder absagen können. Honorare und Vertragsbedingungen müssten auch transparenter gemacht werden, damit man nicht darauf angewiesen ist, sich inoffiziell umhören zu müssen, was man verlangen kann.

Gerade in der Pandemie hat sich gezeigt, wie fragil das Sicherheitsnetz von Künstler:innen ist, sobald die Aufträge wegbrechen. Fair Pay ist nicht nur im heimischen Kontext zu einer zentralen kulturpolitischen Agenda geworden, bei der die Interessenvertretungen mit den subventionsgebenden Institutionen zusammenarbeiten. Das Europäische Parlament setzt sich mit dem Berufsbild von Kunstschaffenden auseinander und fordert soziale Mindeststandards.[1] Faire Belohnung ist nur ein Teil davon, es geht auch um menschenwürdige, nicht-diskriminierende Arbeitsbedingungen, ein neues Verständnis für den Status von Künstler:innen und die Freiheit der Kunst. Dieses verstärkte politische Interesse gibt Gewerkschaften und Interessenvertretungen derzeit enormen Aufwind. Ein Beispiel: Das 2015 gegründete Ensemble-Netzwerk konnte in Deutschland bereits wesentliche Veränderungen bei der Erhöhung von Einstiegs- und Mindestgagen umsetzen, und die IGFT hat detaillierte Fair-Pay-Gagen entwickelt. Auch wenn der Prozess langsam vor sich geht, wird es zunehmend gesellschaftlicher Konsens, dass sich Arbeitsbedingungen verbessern müssen.

Für die erste europaweite Studie zum Thema, „Gender Equality & Diversity in European Theatres" von März 2021, wurden mehr als 4.000 Angestellte in 22 Ländern befragt und 11.500 Künstler:innen, die im Performancebereich arbeiten, analysiert.[1] Als Trend zeigte sich: Die vertragliche Situation von Männern ist sicherer als jene von Frauen. Rund 68 Prozent der Leitenden sind Männer, 32 Prozent Frauen. Wie im Filmbereich sind Frauen in – schlechter bezahlten – Berufszweigen wie z. B. in der Maske mit mehr als 70 Prozent in der Überzahl. Die Analyse kommt auch zu dem Befund, dass sich bei einem Einstiegsgehalt am Stadttheater von 1.700 bis 1.800 Euro brutto kein Babysitter ausgehe. Auch das ist ein ungelöstes Problem: Das Theater

1 https://www.europarl.europa.eu/news/de/agenda/briefing/2023-11-20/16/bessere-arbeitsbedingungen-fur-kunstler-und-kulturschaffende.

ist nach wie vor familienfeindlich. Bezahlte Kinderbetreuung? Fehlanzeige. Alleinerziehende Mütter, die mit ihrem Nachwuchs von Theater zu Theater, von Stadt zu Stadt pendeln, haben es schwer. Der Verein Bühnenmütter setzt sich für familienfreundliche Strukturen ein – und versucht ein Thema, das absurderweise nach wie vor ein Tabu ist, im öffentlichen Diskurs zu verankern. Es braucht mehr Menschen, die das Dilemma thematisieren, um strukturelle Veränderungen voranzutreiben.

Frischer Wind

Gesamtgesellschaftliche Bewegungen wie MeToo und Black Lives Matter machten aus Einzelkämpfer:innen endlich Akteurinnen und Akteure, die ihre Stärke in Allianzen suchen. Auch das Theater profitierte von dieser Aufbruchstimmung. 60 aktuelle und ehemalige Mitarbeiter:innen des Wiener Burgtheaters warfen dem aufgrund eines Finanzskandals entlassenen Direktor Matthias Hartmann 2018 in einem Offenen Brief „Machtmissbrauch, Demütigung und Herabwürdigung" vor, von einer „Atmosphäre der Angst und Verunsicherung" war die Rede. Sie bekannten aber auch: Sie selbst hätten durch „Passivität", „Wegducken", „Stillhalten" und „Schweigen" zu den von ihnen kritisierten Verhältnissen beigetragen. Gemeinsam entwickelten sie eine selbstkritische Stimme. Das macht Sinn: Eine:r kann leichter zum Schweigen gebracht werden als eine Gruppe. Die Angestellten werden mittlerweile auch extern unterstützt: Der deutsche Verein Pro Quote Bühne wurde 2017 gegründet, die österreichische Anlaufstelle für Betroffene von Gewalt und Belästigung aus dem Kulturbereich und dem Sport nennt sich vera*. Solche Anlaufstellen sind nicht nur wichtig, um direkt zu beraten. Sie sammeln auch wertvolle Daten für eine bislang fehlende Statistik.

Aber auch die Akteurinnen und Akteure sind in den letzten Jahren selbstbewusster geworden, wollen bei Besetzungsfragen mitgestalten. Sie sehen nicht ein, dass alles über ihre Köpfe hinweg entschieden wird. Und auch Medien greifen in den letzten Jahren Themen wie Sexismus, Machtmissbrauch und Rassismus breit auf. Man interessiert sich plötzlich dafür, was hinter dem Vorhang passiert. Ein Jahrzehnt früher hätte jede Zeitung abgewunken. Regisseure durften unhinterfragt erzählen, dass man Schauspieler:innen auf der Probe „brechen" müsse, um zu einem künstlerisch überzeugenden Ergebnis zu kommen. Kunst um jeden Preis? Nein, danke!

Wer spricht?

Die Welt verändert sich ständig, das Theater muss nachziehen, um nicht alt auszusehen. Die Gesellschaft driftet immer weiter auseinander. Es gibt mittlerweile nicht mehr die eine Erzählung, die für alle gilt. Aber vielleicht war diese ohnehin immer eine große Lüge, die endlich aufgedeckt wurde. Inzwischen bemühen sich vermehrt auch jene Bühnen, die sich lange als elitäre Hochkulturveranstaltungen gesehen hatten, unterschiedliche Lebenswirklichkeiten auf die Bühne zu holen. Sie wollen Stadtteiltheater machen, die Geschichten von Migrantinnen und Migranten erzählen, diverser werden, queere Perspektiven integrieren. Das sind wichtige Entwicklungen, die zugleich spalten und verunsichern. Ein junges und aufgeschlossenes Publikum hat weniger Probleme damit, fragmentierte, fragende Abende zu erleben, die ohne große Schauspielgeste auskommen. Die versuchen, ihre komplexe Lebensrealität ästhetisch zu fassen. Einem eher konservativen Publikum fehlen hingegen die weltumspannenden Stoffe mit Stars auf der Bühne. Sie glauben, Identitätsdiskurse hätten nichts mit ihnen zu tun.

Es ist spannend, aber auch fordernd, welchen Spagat die Bühnen gerade hinlegen müssen: Sie sollen das ältere Publikum, das viel Geld für ein Abo ausgibt, weiterhin halten, aber zugleich junge, queere, migrantische Zuschauer:innen anziehen, die sich oft spontan entscheiden, in eine Vorstellung zu gehen. Im Theaterbetrieb selbst sind die meisten Mitarbeiter:innen aber nach wie vor weiß. Und wahrscheinlich aus eher bürgerlichen Verhältnissen, weil es für Menschen mit migrantischem oder bildungsfernem Hintergrund nach wie vor eine Hürde bedeutet, sich Hochkultur anzueignen – das fängt schon bei der Ausbildung an. Unsere Gesellschaft erlebt gerade wieder einen Reichen-Diskurs und wird hoffentlich etwas sensibler, was Klassismus betrifft, und dafür, dass eben nicht alle die gleichen Chancen haben. Früher mussten Hospitantinnen und Hospitanten oft monatelang unbezahlt arbeiten, das fördert natürlich, dass Nepo-Babys, die von ihrer Herkunft und dem Geld der Eltern profitieren, in der Kunst leichter Karriere machen. Menschen aus ärmeren Gesellschaftsschichten können sich das nicht leisten. Deshalb ist es wichtig, auch bei den ersten Erfahrungen im Theater auf faire Bezahlung zu achten.

Bitte mehr non-binär

Auf der Bühne ist es besser geworden, People of Color spielen selbstverständlicher große Rollen, ohne dass ihre Hautfarbe thematisiert werden muss. Trotzdem ist gerade das Stadttheater nach wie vor viel zu weiß, zu cis, zu straight, zu hochdeutsch geprägt. Gelebte Diversität ist eher in Ländern wie Großbritannien oder Belgien angekommen, die eine andere Einwanderungsgeschichte haben. Die freie Szene nimmt eine Vorreiterrolle ein, sie ist internationaler, oft auch interkultureller. Wahrscheinlich sind in der freien Szene die Hemmschwellen niedriger, es ist leichter, als in einem großen Stadttheaterbetrieb anzudocken. Deshalb sind die Ausbildungsstätten verstärkt gefordert. Sie können Diversität schon in einem frühen Stadium der Karriere zum Alltag machen – und so die Weichen stellen für einen offeneren Theaterbetrieb.

Gibt es in leitender Position eines Theatertankers eine Person, die sich als non-binär bezeichnet? Auch daran sieht man eine Differenz, die sich durch die Generationen zieht: Die großen Bühnen möchten am Puls der Zeit sein, verkörpern aber nicht, wofür sie stehen wollen. Sich junge Mitarbeitende zu holen und diesen zu vertrauen, ist wichtig, um nicht in alten Mustern steckenzubleiben. All das muss aber ehrlich gemeint sein, falsche Gesten führen genau zum Gegenteil. Man muss als Intendantin oder Intendant für etwas stehen, sonst verwickelt man sich schnell in Widersprüche. Martin Kušej hat das Burgtheater tatsächlich diverser gemacht, Sprachakzente von Schauspielenden sind selbstverständlicher geworden. Aber trotzdem hatte man oft das Gefühl, vieles ist mehr Behauptung geblieben als gelebte Realität geworden. Regisseurinnen haben nach wie vor eher die kleineren Spielstätten bespielt.

Das Berliner Theatertreffen führte 2020 eine Frauenquote ein: Mindestens 50 Prozent der eingeladenen Inszenierungen müssen von Regisseurinnen sein. Dieser notwendige Schritt hat einiges verändert: Es wurde endlich thematisiert, dass Frauen noch immer eher das kleine Stück auf der Nebenspielstätte angeboten bekamen, während man Männern schnell die große Bühne übergab. Die Bühnen waren aufgerufen, mutiger zu agieren, Frauen mehr zuzutrauen, sie gezielt mit aufwendigeren Projekten zu betrauen – und sei es nur, um beim Theatertreffen bessere Chancen zu haben.

Ein-Personen-Regimes

Ist der allmächtige Intendant noch zeitgemäß? Thomas Schmidt, Professor für Theatermanagement an der Hochschule für Musik und Darstellende Kunst in Frankfurt, fordert schon länger das Ende des „Ein-Personen-Regimes“, das kaum interne Kontrolle zulasse, weil sich niemand zu widersprechen getraue. Die Arbeit im Team hat in den letzten Jahren einen neuen Aufschwung erlebt, nicht gerade wie in den 1970er-Jahren, als man von Basisdemokratie träumte – und meist scheiterte. Eher pragmatisch, auch, um sich die Arbeit aufzuteilen. Das Wiener Schauspielhaus wird gerade von einem vierköpfigen Kollektiv geleitet, bestehend aus Marie Bues, Martina Grohmann, Tobias Herzberg und Mazlum Nergiz.

Um die Arbeitsbedingungen am Theater zu verbessern, müssen viele gemeinsam an einem Strang ziehen. Auch die Kulturpolitik ist gefordert. Ausverkaufte Häuser und Theatertreffen-Einladungen sind keine Garanten dafür, dass an einem Haus nicht herumgebrüllt oder gemobbt wird. Bei zukünftigen Bestellungen würde es nicht schaden, die Leitungskompetenzen der jeweiligen Bewerber:innen genau zu prüfen. Einfach mal mit den Betroffenen reden. Es könnte so einfach sein.

Sie fragten nach Veränderungen am Theater in den letzten 25 Jahren? Für mich kam die Debatte um Machtmissbrauch und unzumutbare Arbeitsbedingungen am Theater etwas zu spät. Da hatte ich in den Kämpfen um Arbeitsbeziehungen auf Augenhöhe schon sehr viele Federn gelassen. Der Nestroy-Preis strahlte Versöhnung aus und suggerierte, dass man gesehen wird. Das wusste ich zu schätzen. Ich wünsche dem Wandel, weg vom Despoten und hin zu wertschätzendem und vertrauensvollem Miteinander, ganz viel Glück.

Judith Engel
Schauspielerin

Was habe ich derzeit in der Hand? Das Wodkaglas, die Kaffeetasse, meine andere Hand, meinen Ellenbogen, die Türklinke. Auch das Geländer, meine Knie, den Boden, die Wand, den Schwamm, die Gasmaske, meine Schultern, die Silberfäden, meine Hüften, die Schulter des Kollegen, seine Hand, die Laternenstange, die Hand der Kollegin, die Wand hinter mir. In der Hand habe ich außerdem den Grammophonhebel, das leuchtende Ding, den Stuhl, die silberne Käseglocke, die Kreide, das Wasser, das Feuerzeug und den brennenden Stuhl. Die Hand hat die meiste Zeit die Luft in der Hand. Es gibt vieles in diesem Beruf, an dem man sich festhalten kann!

Thiemo Strutzenberger
Schauspieler und Autor

Hall of Fame
Die Nestroy-Chronik

Birgit Minichmayr

2000

Beste deutschsprachige Aufführung
Endstation Sehnsucht (Salzburger Festspiele / Volksbühne am Rosa-Luxemburg-Platz Berlin, Regie: Frank Castorf)
Gespenstersonate (Stadttheater Klagenfurt / Thalia Theater Hamburg, Regie: Martin Kušej)
Die Möwe (Akademietheater / Wiener Festwochen, Regie: Luc Bondy)

Beste Regie
Luc Bondy (*Die Möwe*, Akademietheater / Wiener Festwochen)
Martin Kušej (*Weh dem, der lügt!*, Burgtheater)
Anselm Weber (*Das Blut*, Volkstheater)

Beste Ausstattung
Ulrike Kaufmann (Kostüme für *Nemo. Nemo Loquitur*, Serapions Theater / Odeon)
Bert Neumann (Bühne für *Endstation Sehnsucht*, Salzburger Festspiele / Volksbühne am Rosa-Luxemburg-Platz Berlin)
Martin Zehetgruber (Bühne für *Gespenstersonate*, Stadttheater Klagenfurt / Thalia Theater Hamburg; *Hamlet*, Salzburger Festspiele / Staatsschauspiel Stuttgart; *Weh dem, der lügt!*, Burgtheater)

Beste Schauspielerin
Birgit Doll (als Martha in *Wer hat Angst vor Virginia Woolf?*, Volkstheater)
Jutta Lampe (als Arkadina in *Die Möwe*, Akademietheater / Wiener Festwochen)
Elisabeth Rath (als Frau in *Das Blut*, Volkstheater)

Bester Schauspieler
Michael Maertens (als Doktor in *Der Ignorant und der Wahnsinnige*, Stadttheater Klagenfurt / Berliner Ensemble)
Gert Voss (als Trigorin in *Die Möwe*, Akademietheater / Wiener Festwochen)
Werner Wölbern (als Leon in *Weh dem, der lügt!*, Burgtheater)

Beste Nebenrolle
Ingo Hülsmann (als Mann / Schüchterner Mann in *Das Blut*, Volkstheater)
Maria Köstlinger (als Fee Cheristane in *Der Verschwender*, Theater in der Josefstadt)
Martin Schwab (als Bischof in *Weh dem, der lügt!*, Burgtheater)

Bester Nachwuchs
August Diehl (als Konstantin in *Die Möwe*, Akademietheater / Wiener Festwochen)
Jens Harzer (als Der Junge in *Der Name*, Salzburger Festspiele / Schaubühne am Lehniner Platz Berlin)
Birgit Minichmayr (als Rosa in *Der Färber und sein Zwillingsbruder*, Burgtheater)

Beste Off-Produktion
Nichts Schöneres (Theater Punkt / dietheater, Regie: Sabine Mitterecker)

Birgit Doll

Julia Stemberger, Jon Fosse

Bestes Stück – Autor:innenpreis
Jon Fosse: *Der Name* (Salzburger Festspiele / Schaubühne am Lehniner Platz Berlin)

Lebenswerk
Otto Schenk

2001

Beste deutschsprachige Aufführung
Die Nacht singt ihre Lieder (Schauspielhaus Zürich, Regie: Falk Richter)
Der Narr und seine Frau heute abend in Pancomedia (Schauspielhaus Bochum, Regie: Matthias Hartmann)
Rosmersholm (Akademietheater, Regie: Peter Zadek)

Beste Regie
Andrea Breth (*Der jüngste Tag*, Burgtheater)
Dimiter Gotscheff (*Das Pulverfass*, Steirischer Herbst / Schauspielhaus Graz)
Peter Zadek (*Rosmersholm*, Akademietheater)

Beste Ausstattung
Andreas Kriegenburg (Bühne für *Revolution!*, Akademietheater)
Susanne Raschig (Bühne für *Der jüngste Tag*, Burgtheater)
Martin Zehetgruber (Bühne für *Glaube und Heimat*, Burgtheater)

Beste Schauspielerin
Andrea Clausen (als Inès Finidori in *Drei Mal Leben*, Akademietheater)
Judith Engel (als Sue / Die Frau in *Bash*, Wiener Festwochen / Hamburger Kammerspiele)
Angela Winkler (als Rebekka West in *Rosmersholm*, Akademietheater)

Bester Schauspieler
Sven-Eric Bechtolf (als Hubert Finidori in *Drei Mal Leben*, Akademietheater)
Helmuth Lohner (als Schlicht in *Mein Freund*, Theater in der Josefstadt)
Gert Voss (als Johannes Rosmer in *Rosmersholm*, Akademietheater)

Beste Nebenrolle
Peter Fitz (als Rektor Kroll in *Rosmersholm*, Akademietheater)
Ignaz Kirchner und Branko Samarovski (als Aufseher/Kommissar/Inspektor in *Roberto Zucco*, Akademietheater / Wiener Festwochen)
Libgart Schwarz (als Frau Leimgruber in *Der jüngste Tag*, Burgtheater)

Bester Nachwuchs weiblich
Agnes Riegl (als Der Spatz in *Glaube und Heimat*, Burgtheater)
Monique Schwitter (als Mariedl in *Die Präsidentinnen*, Schauspielhaus Graz)

Peter Zadek

Sven-Eric Bechtolf

Michael Schottenberg

Mareike Sedl (als Das Mädchen in *Roberto Zucco*, Akademietheater / Wiener Festwochen)

Bester Nachwuchs männlich

Simon Hatzl (als Howie in *Blutige Anfänger*, Theater Drachengasse)
Alexander Pschill (als Peer Gynt in *Peer Gynt*, Theater der Jugend)
Georg Staudacher (Regie bei *Café Tamagotchi*, Rabenhof Theater)

Beste Off-Produktion

Hain (Das Bernhard Ensemble / Das Off-Theater, Regie: Ernst Kurt Weigel)

Bestes Stück – Autor:innenpreis

Christoph Ransmayr: *Die Unsichtbare* (Salzburger Festspiele / Berliner Ensemble)

Lebenswerk

George Tabori

2002

Beste deutschsprachige Aufführung

Alkestis (Münchner Kammerspiele, Regie: Jossi Wieler)
Emilia Galotti (Deutsches Theater Berlin, Regie: Michael Thalheimer)
Die schöne Müllerin (Schauspielhaus Zürich, Regie: Christoph Marthaler)

Beste Regie

Andrea Breth (*Maria Stuart*, Burgtheater, und *Das weite Land*, Salzburger Festspiele)
Barrie Kosky (*Medea*, Schauspielhaus Wien)
Michael Schottenberg (*Der Talisman*, Volkstheater)

Beste Ausstattung

Olaf Altmann (Bühne für *Edward II.*, Stadttheater Klagenfurt / Thalia Theater Hamburg)
Igor Bauersima und Georg Lendorff (Bühne und Video für *Das Maß der Dinge*, Salzburger Festspiele / Akademietheater)
Martin Zehetgruber (Bühne für *Letzter Aufruf*, Burgtheater/Arsenal)

Beste Schauspielerin

Corinna Kirchhoff (als Maria Stuart in *Maria Stuart*, Burgtheater)
Ulli Maier (als Agathe in *Der Mann ohne Eigenschaften*, Theater in der Josefstadt)
Elisabeth Orth (als Elisabeth in *Maria Stuart*, Burgtheater)

Bester Schauspieler

Sven-Eric Bechtolf (als Hofreiter in *Das weite Land*, Salzburger Festspiele)
Karlheinz Hackl (als Herr von Lips in *Der Zerrissene*, Burgtheater)
Gert Voss (als Herrenstein in *Elisabeth II.*, Burgtheater)

Ulli Maier

Roland Schimmelpfennig

Kirsten Dene, Christoph Ransmayr

Beste Nebenrolle
Sylvie Rohrer (in *Der Narr und seine Frau heute abend in Pancomedia*, Burgtheater)
Anna Franziska Srna (als Marie in *Woyzeck*, Volkstheater)
Werner Wölbern (als Doktor Mauer in *Das weite Land*, Salzburger Festspiele)

Bester Nachwuchs
Raphael von Bargen (als Hippolytos in *Phaidras Liebe*, Volkstheater / Forum U3)
Susanna Schaefer (als Ronja in *Ronja, Räubertocher*, Theater der Jugend)
Johanna Wokalek (für ihre Arbeit am Burgtheater)

Beste Off-Produktion
LKH – Eine Theaterserie (Theater im Bahnhof Graz)

Bestes Stück – Autor:innenpreis
Roland Schimmelpfennig: *Push Up 1–3* (Volkstheater / Forum U3)

Spezialpreis
Rabenhof Theater
Christian Suchy (Autor/Darsteller von *Dackel Taube Kellerassel*, dietheater)
Bert Wrede (Musik für *Letzter Aufruf*, Burgtheater/Arsenal u. a.)

Lebenswerk
Claus Peymann

2003

Beste deutschsprachige Aufführung
Emilia Galotti (Akademietheater, Regie: Andrea Breth)
Nora (Schaubühne am Lehniner Platz Berlin, Regie: Thomas Ostermeier)
Nora (Thalia Theater Hamburg, Regie: Stephan Kimmig)

Beste Regie
Andrea Breth (*Emilia Galotti*, Akademietheater)
Matthias Fontheim (*Das weite Land*, Schauspielhaus Graz)
Nicolas Stemann (*Das Werk*, Akademietheater)

Beste Ausstattung
Franz Lehr (Bühne für *Innerhalb des Gefrierpunkts*, Graz 2003 – Kulturhauptstadt Europa / Schauspielhaus Graz / Düsseldorfer Schauspielhaus)
Bert Neumann und **Jan Speckenbach** (Bühne und Video für *Forever Young*, Wiener Festwochen / Volksbühne am Rosa-Luxemburg-Platz Berlin)
Etienne Pluss (Bühne für *Die Zeit der Plancks*, Burgtheater)

Beste Schauspielerin
Andrea Clausen (als Orsina in *Emilia Galotti*, Akademietheater)

Markus Hinterhäuser, Markus Hering, Gert Jonke, Joachim Lux (v.l.)

Andrea Breth, Gusti Wolf

Maria Happel (als Maria in *Die Zeit der Plancks*, Burgtheater)
Monique Schwitter (als Marie in *Woyzeck* und als Janis Joplin in *Janis Joplin*, Schauspielhaus Graz)

Bester Schauspieler
Joachim Bißmeier (als Moritz Meister in *Über allen Gipfeln ist Ruh*, Theater in der Josefstadt)
Markus Hering (als Dirigent in *Chorphantasie*, Graz 2003 – Kulturhauptstadt Europa / Akademietheater)
Wolfgang Hübsch (als Dorfrichter Adam in *Der zerbrochne Krug*, Volkstheater, und als Bruscon in *Der Theatermacher*, Sommerspiele Reichenau)

Beste Nebenrolle
Atzgersdorfer Männergesangsverein 1880 (als Chor in *Das Werk*, Akademietheater)
Traute Hoess (als Anne in *Über allen Gipfeln ist Ruh* und als Frau Muskat in *Liliom*, Theater in der Josefstadt)
Brigitte Karner (als Gina in *Die Wildente*, Theater in der Josefstadt)

Bester Nachwuchs
Julia Cencig (als Lulu in *Lulu*, Volkstheater / Forum U3)
Gertrud Drassl (als Hedwig in *Die Wildente*, Theater in der Josefstadt, und als Olivia in *Was ihr wollt*, Sommerspiele Perchtoldsdorf)
Simon Jaritz (als Richard in *Ritchy 3* und als Heywood in *Die Meuterer von der Bounty*, Theater der Jugend)

Beste Off-Produktion
***Mein Kampf* in der Meldemannstraße**
(Regie: Hubsi Kramar & Tina Leisch)

Bestes Stück – Autor:innenpreis
Gert Jonke: *Chorphantasie* (Graz 2003 – Kulturhauptstadt Europa / Akademietheater)

Spezialpreis
Thomas Maurer (für sein Kabarettprogramm *Die neue Selbstständigkeit*)
Michael Schottenberg (Regie bei *Noch ist Polen nicht verloren*, Metropol Wien / Stadttheater Klagenfurt)
Theater der Jugend (für das Magazin *Beamer*)

Lebenswerk
Gusti Wolf

Xaver Hutter, Bernhard Schir

Hans Gratzer

2004

Beste deutschsprachige Aufführung
Elementarteilchen (Schauspielhaus Zürich, Regie: Johan Simons)
Das goldene Vließ (Burgtheater, Regie: Stephan Kimmig)
Unschuld (Thalia Theater Hamburg, Regie: Andreas Kriegenburg)

Beste Regie
Igor Bauersima (*Bérénice de Molière*, Akademietheater)
Stephan Kimmig (*Das goldene Vließ*, Burgtheater)
Sebastian Nübling (*(Wilde) Mann mit traurigen Augen*, Steirischer Herbst / Schauspiel Hannover)

Beste Ausstattung
Igor Bauersima, Alexandra Deutschmann und Georg Lendorff (Bühne und Video für *Bérénice de Molière*, Akademietheater)
Cécile Feilchenfeldt (Bühne und Kostüme für *Vorher/Nachher*, Landestheater Linz)
Martin Zehetgruber (Bühne für *Don Carlos*, Burgtheater)

Beste Schauspielerin
Birgit Minichmayr (als Medea in *Das goldene Vließ*, Burgtheater)
Petra Morzé (als Genia in *Das weite Land*, Festspiele Reichenau)
Sophie Rois (in *Hallo Hotel ...!*, Burgtheater/ Kasino am Schwarzenbergplatz / Theaterformen Braunschweig, Hannover)

Bester Schauspieler
Michael Maertens (als Jason in *Das goldene Vließ*, Burgtheater)
Peter Simonischek (als Martin in *Die Ziege oder Wer ist Sylvia?*, Akademietheater)
Toni Slama (als Adam in *Automatenbüfett*, Theater in der Josefstadt)

Beste Nebenrolle
Sandra Cervik (als Sophie in *Der Alpenkönig und der Menschenfeind*, Theater in der Josefstadt)
Kirsten Dene (als Aline in *Baumeister Solness*, Akademietheater / Wiener Festwochen)
Johann Adam Oest (als Ross in *Die Ziege oder Wer ist Sylvia?*, Akademietheater)

Bester Nachwuchs
Händl Klaus (Autor von *(Wilde) Mann mit traurigen Augen*, Steirischer Herbst / Schauspiel Hannover)
Xaver Hutter (als Karl Rossmann in *Amerika* und als Nannerl in *Mozarts Vision*, Volkstheater)
Holger Schober (als Boris in *Zwei Brüder*, Theater Drachengasse)

Beste Off-Produktion
Sündenfälle (Kabinetttheater, Regie: Thomas Reichert)

Nicholas Ofczarek, Michael Maertens

Erni Mangold

Bestes Stück – Autor:innenpreis
Edward Albee: *Die Ziege oder Wer ist Sylvia?* (Akademietheater)

Spezialpreis
Sebastian Huber (Dramaturgie für *Die Ziege oder Wer ist Sylvia?*, Akademietheater)
Peter Schubert und Friedrich Rom (Bühne und Licht für *Vor Sonnenuntergang*, Burgtheater)
Vienna's English Theatre

Lebenswerk
Hans Gratzer

2005

Beste Aufführung im deutschsprachigen Raum
Die Nibelungen (Münchner Kammerspiele, Regie: Andreas Kriegenburg)
Schutz vor der Zukunft (Wiener Festwochen, Regie: Christoph Marthaler)
Wer hat Angst vor Virginia Woolf? (Deutsches Theater Berlin, Regie: Jürgen Gosch)

Beste Regie
Martin Kušej (*König Ottokars Glück und Ende*, Salzburger Festspiele / Burgtheater)
Christoph Marthaler (*Schutz vor der Zukunft*, Wiener Festwochen)
Nicolas Stemann (*Babel*, Akademietheater)

Beste Ausstattung
Ulrike Kaufmann, Max Kaufmann, Tonio Nodari und Erwin Piplits (Bühne und Kostüme für *Xenos*, Serapions Theater / Odeon)
Katrin Nottrodt (Bühne für *Babel*, Akademietheater)
Peter Schubert (Bühne für *Der Steppenwolf*, Burgtheater)

Beste Schauspielerin
Andrea Clausen (als Ranjewskaja in *Der Kirschgarten*, Burgtheater)
Sunnyi Melles (als Valerie in *Geschichten aus dem Wiener Wald*, Salzburger Festspiele / Bayerisches Staatsschauspiel München)
Christiane von Poelnitz (als Romy Vogtländer in *Die Frau von früher*, Akademietheater)

Bester Schauspieler
Michael Maertens (als Rudolf von Habsburg in *König Ottokars Glück und Ende*, Salzburger Festspiele / Burgtheater und als Algernon in *Ernst ist das Leben (Bunbury)*, Akademietheater)
Tobias Moretti (als Ottokar in *König Ottokars Glück und Ende*, Salzburger Festspiele / Burgtheater)
Nicholas Ofczarek (als Johann in *Zu ebener Erde und erster Stock*, Burgtheater)

Beste Nebenrolle
Sabine Haupt (als Mae in *Die Katze auf dem heißen Blechdach*, Burgtheater)

Walter Schmidinger

Karin Beier

Peter Turrini

Erni Mangold (als Schneewittchen in *Prinzessinendramen*, Volkstheater)
Siegfried Walther (als Sosias in *Amphitryon*, Theater in der Josefstadt)

Bester Nachwuchs

Stefano Bernardin (als Jojo in *Das Herz eines Boxers*, Theater der Jugend)
Christoph Nußbaumeder (Autor von *Mit dem Gurkenflieger in die Südsee*, Landestheater Linz)
Carolin Pienkos (Regie bei *Lieber weit weg*, Burgtheater/Vestibül)

Beste Off-Produktion

Rabenhof Theater (Spielzeit 2004/2005, speziell für *Udo 77*, *The Great Television Swindle* und *Freundschaft*)

Bestes Stück – Autor:innenpreis

Franzobel: *Hunt oder der totale Februar* (Theater Hausruck)

Spezialpreis

Theater Hausruck (für *Hunt oder der totale Februar*)
Heidelinde Leitgöb (für die Leitung des u\hof – Theater für junges Publikum am Landestheater Linz)
Rimini Protokoll (für *Schwarzenbergplatz*, Burgtheater/Kasino am Schwarzenbergplatz)

Lebenswerk

Michael Heltau

2006

Beste deutschsprachige Aufführung

Dunkel lockende Welt (Münchner Kammerspiele, Regie: Sebastian Nübling)
Hedda Gabler (Schaubühne am Lehniner Platz Berlin, Regie: Thomas Ostermeier)
Höllenangst (Salzburger Festspiele / Burgtheater, Regie: Martin Kušej)

Beste Regie

Karin Beier (*Kleinbürger*, Akademietheater)
David Bösch (*Viel Lärm um Nichts*, Salzburger Festspiele / Thalia Theater Hamburg)
Christiane Pohle (*Die versunkene Kathedrale*, Akademietheater)

Beste Ausstattung

Katrin Brack (Bühne für *Der Tartuffe*, Salzburger Festspiele / Thalia Theater Hamburg)
Lena Kvadrat (Kostüme für *De Lady in de Tutti Frutti Hat*, Toxic Dreams / dietheater)
Martin Zehetgruber (Bühne für *Höllenangst*, Salzburger Festspiele / Burgtheater)

Beste Schauspielerin

Edith Clever (als Die ältere Frau in *Schlaf*, Akademietheater / Wiener Festwochen)
Judith Hofmann (als Beatrice in *Viel Lärm um Nichts*, Salzburger Festspiele /

Sophie Rois, Caroline Peters

Katrin Brack

René Pollesch, Martin Wuttke

Thalia Theater Hamburg)
Christiane von Poelnitz (als Tatjana in *Kleinbürger*, Akademietheater)

Bester Schauspieler

Michael Maertens (als Mortimer in *Arsen und Spitzenhäubchen*, Akademietheater)
Joachim Meyerhoff (Gesamtleistung in der Saison 2005/2006)
Nicholas Ofczarek (als Wendelin in *Höllenangst*, Salzburger Festspiele / Burgtheater)

Beste Nebenrolle

Dietmar König (als Dr. Körper in *Die versunkene Kathedrale*, Akademietheater)
Caroline Peters (als Rosalie in *Höllenangst*, Salzburger Festspiele / Burgtheater)
Gertrud Roll (als Gräfin in *Bei Einbruch der Dunkelheit*, Stadttheater Klagenfurt)

Bester Nachwuchs

Nuran David Calis (Regie bei *Die Räuber*, Volkstheater)
Florian Carove (als Gwendolen in *Bunbury*, Theater in der Josefstadt)
Silvia Meisterle (als Miranda in *Miranda im Spiegelland*, Theater der Jugend)

Beste Off-Produktion

How much Schatzi? (Projekttheater Vorarlberg, Regie: Susanne Lietzow)

Bestes Stück – Autor:innenpreis

Gert Jonke: Die versunkene Kathedrale (Akademietheater)

Spezialpreis

Dietmar Pflegerl (für seine Intendanz am Stadttheater Klagenfurt)

Lebenswerk

Walter Schmidinger

2007

Beste deutschsprachige Aufführung

Glaube Liebe Hoffnung (Münchner Kammerspiele, Regie: Stephan Kimmig)
Der Gott des Gemetzels (Schauspielhaus Zürich, Regie: Jürgen Gosch)
Wallenstein (Berliner Ensemble, Regie: Peter Stein)

Beste Regie

Luc Bondy (*König Lear*, Burgtheater / Wiener Festwochen)
Grzegorz Jarzyna (*Medea*, Burgtheater/ Kasino am Schwarzenbergplatz)
Simon McBurney (*A Disappearing Number*, Complicite / Wiener Festwochen)

Beste Ausstattung

Katrin Brack (Bühne für *Molière. Eine Passion*, Salzburger Festspiele / Schaubühne am Lehniner Platz Berlin)

Maria Happel

Stefan Bachmann

Hilde Sochor

Stéphane Laimé (Bühne für *Viel Lärm um Nichts*, Burgtheater)
Rolf Langenfass (Bühne für *Mein Nestroy*, Theater in der Josefstadt)

Beste Schauspielerin
Christiane von Poelnitz (als Beatrice in *Viel Lärm um Nichts*, Burgtheater)
Sylvie Rohrer (als Medea in *Medea* und für *Über Tiere*, Burgtheater/Kasino am Schwarzenbergplatz)
Barbara Sukowa (als Merteuil in *Quartett*, Salzburger Festspiele)

Bester Schauspieler
Joachim Meyerhoff (als Benedict in *Viel Lärm um Nichts*, Burgtheater)
Bernhard Schir (als Christian in *Das Fest*, Theater in der Josefstadt)
Gert Voss (als Lear in *König Lear*, Burgtheater / Wiener Festwochen)

Beste Nebenrolle
Regina Fritsch (als Chantal in *Maß für Maß*, Burgtheater)
Martin Schwab (als Gloster in *König Lear*, Burgtheater / Wiener Festwochen)
Wolf-Dietrich Sprenger (als Augustinus Fitl in *Mein Nestroy*, Theater in der Josefstadt)

Bester Nachwuchs
Matthias Mamedof (als Bradley in *Bradley – letzte Reihe, letzter Platz*, Theater der Jugend)
Katharina Straßer (als Vicky/Brooke in *Der nackte Wahnsinn* und als Mizi Schlager in *Liebelei*, Volkstheater)
Martin Vischer (als Christopher in *Am Strand der weiten Welt*, Volkstheater)

Beste Off-Produktion
Die verlassene Dido (Totales Theater / Nestroyhof, Regie: Markus Kupferblum)

Bestes Stück – Autor:innenpreis
René Pollesch: *Das purpurne Muttermal* (Akademietheater)

Spezialpreis
Nina Ball (für die Öffnung des Kurhaus Semmering für *Alma*)
Maschek (für *Beim Gusenbauer*, Rabenhof Theater)
Stephanie Mohr (für Regie bei *Die Weberischen*, Vereinigte Bühnen Wien / Museumsquartier)

Lebenswerk
Hilde Sochor

2008

Beste deutschsprachige Aufführung
Das letzte Feuer (Thalia Theater Hamburg, Regie: Andreas Kriegenburg)
Die Ratten (Deutsches Theater Berlin, Regie: Michael Thalheimer)

Claudia Bosse

Otto Tausig

Der Sturm (Münchner Kammerspiele, Regie: Stefan Pucher)

Beste Regie
Stefan Bachmann (*Verbrennungen*, Akademietheater)
Christiane Pohle (*Freier Fall*, Akademietheater)
Nicolas Stemann (*Die Räuber*, Salzburger Festspiele / Thalia Theater Hamburg)

Beste Ausstattung
Viktor Bodó (Bühne für *Alice*, Schauspielhaus Graz)
Hyun Chu (Bühne für *Clavigo*, Volkstheater)
Rolf Langenfass (Bühne für *Nächstes Jahr – gleiche Zeit*, Kammerspiele der Josefstadt)

Beste Schauspielerin
Sandra Cervik (als alle Frauen in *Reigen*, Kammerspiele der Josefstadt)
Regina Fritsch (als Nawal in *Verbrennungen*, Akademietheater)
Andrea Wenzl (als Alice in *Alice*, Schauspielhaus Graz)

Bester Schauspieler
Markus Hering (als Hermile in *Verbrennungen*, Erich in *Freier Fall* und C in *Pool (kein Wasser)*, Akademietheater)
Roland Koch (als Franzeck in *Die Probe*, Akademietheater)
Samuel Weiss (als Seth Regan / Mickey Nestor in *Harper Regan*, Salzburger Festspiele / Deutsches Schauspielhaus Hamburg)

Beste Nebenrolle
Johannes Krisch (als Bertl in *Freier Fall*, Akademietheater)
André Pohl (als Alfons in *Der jüngste Tag*, Theater in der Josefstadt)
Udo Samel (als Justin in *Motortown*, Akademietheater)

Bester Nachwuchs
Ewald Palmetshofer (Autor von *wohnen. unter glas*, Schauspielhaus Wien)
Jette Steckel (Regie bei *Die Kaperer oder Reiß nieder das Haus und erbaue ein Schiff*, Schauspielhaus Wien)
Sebastian Wendelin (in *Der junge Till* und *I Furiosi – Die Wütenden*, Rabenhof Theater)

Beste Off-Produktion
komA (New Space Company / Dschungel Wien, Regie: Volker Schmidt & Georg Staudacher)

Bestes Stück – Autor:innenpreis
Gert Jonke: *Freier Fall* (Akademietheater)

Spezialpreis
Andreas Beck (für den Neustart am Schauspielhaus Wien)
Hans Escher und Bernhard Studlar (für die

Thomas Frank, Haiko Pfost

Reihe *Roter Oktober* der Wiener Wortstaetten)
Suse Wächter (für den Puppenbau in *Go West. Eine Familie wandert aus*, Schauspielhaus Graz)

Lebenswerk
Peter Zadek

2009

Beste deutschsprachige Aufführung
Die Möwe (Deutsches Theater Berlin, Regie: Jürgen Gosch)
Der Prozess (Münchner Kammerspiele, Regie: Andreas Kriegenburg)
Rechnitz (Der Würgeengel) (Münchner Kammerspiele, Regie: Jossi Wieler)

Beste Regie
Viktor Bodó (*Die Stunde da wir nichts voneinander wussten*, Schauspielhaus Graz)
Martin Kušej (*Der Weibsteufel*, Akademietheater)
Christoph Schlingensief (*Mea Culpa. Eine ReadyMadeOper*, Burgtheater)

Beste Ausstattung
Stefan Heyne (Bühne für *Elementarteilchen*, Landestheater Linz)
Florian Lösche (Bühne für *Die Welt ist groß und Rettung lauert überall*, Salzburger Festspiele / Thalia Theater Hamburg)
Martin Zehetgruber (Bühne für *Der Weibsteufel*, Akademietheater)

Beste Schauspielerin
Katja Jung (in *Invasion!*, Schauspielhaus Wien)
Birgit Minichmayr (als Weib in *Der Weibsteufel*, Akademietheater)
Tatja Seibt (als Edith in *Besuch bei dem Vater*, Theater in der Josefstadt)

Bester Schauspieler
Bernd Jeschek (als Helge in *Das Fest*, Tiroler Landestheater)
André Jung (als Krapp in *Das letzte Band / Bis dass der Tod euch scheidet oder Eine Frage des Lichts*, Salzburger Festspiele / Münchner Kammerspiele)
Peter Simonischek (als Halvard Solness in *Baumeister Solness*, Schauspielhaus Graz)

Beste Darstellung einer Nebenrolle
Michael Dangl (als Carlos Homenides de Histangua in *Floh im Ohr*, Theater in der Josefstadt)
Dietmar König (als Richard in *Trilogie des Wiedersehens*, Burgtheater)
Sona MacDonald (als Constantia in *Der Talisman*, Theater in der Josefstadt)

Bester Nachwuchs
Gerrit Jansen (als Bertram in *Ende gut, alles gut*, Burgtheater/Kasino am Schwarzenbergplatz)

Silvia Stantejsky, Gerhard Blasche,
Christoph Schlingensief, Aino Laberenz (v.l.)

Verena Lercher (als Hilde Wangel in *Baumeister Solness*, Schauspielhaus Graz)
Claudius von Stolzmann (als Benjamin in *Die Reifeprüfung*, Volkstheater)

Beste Off-Produktion
bambiland08 (Theatercombinat, Regie: Claudia Bosse)

Bestes Stück – Autor:innenpreis
Roland Schimmelpfennig: *Besuch bei dem Vater* (Theater in der Josefstadt)

Spezialpreis
Brut
Szene Bunte Wähne
UniT (für den Retzhofer Dramapreis und das Drama Forum)

Lebenswerk
Otto Tausig

Publikumspreis
Birgit Minichmayr

2010

Beste deutschsprachige Aufführung
Diebe (Deutsches Theater Berlin, Regie: Andreas Kriegenburg)
Die Schmutzigen, die Hässlichen und die Gemeinen (Schauspiel Köln, Regie: Karin Beier)
Volpone (Schauspielhaus Zürich, Regie: Werner Düggelin)

Beste Regie
Lukas Bangerter (*worst case*, Schauspielhaus Wien / Theater am Kirchplatz Schaan)
Alvis Hermanis (*Eine Familie*, Akademietheater)
Roland Schimmelpfennig (*Der goldene Drache*, Akademietheater)

Beste Ausstattung
Hans Kudlich (Bühne für *Liliom*, Volkstheater)
Monika Pormale (Bühne für *Eine Familie*, Akademietheater)
Johannes Schütz (Bühne für *Das Begräbnis*, Burgtheater)

Beste Schauspielerin
Kirsten Dene (als Violet Weston in *Eine Familie*, Akademietheater)
Christiane von Poelnitz (in *Der goldene Drache*, Akademietheater)
Martina Stilp (in *Peepshow*, Schauspielhaus Graz)

Bester Schauspieler
Klaus Maria Brandauer (als Ödipus in *Ödipus auf Kolonos*, Salzburger Festspiele / Berliner Ensemble)
Ignaz Kirchner (als Fürst Bolkonskij und andere Rollen in *Krieg und Frieden*, Burgtheater /

Erwin Piplits, Ulrike Kaufmann

Sarah Viktoria Frick

Kasino am Schwarzenbergplatz)
Martin Wuttke (als Christian in *Das Begräbnis*, Burgtheater, und für *Peking Opel*, Akademietheater)

Beste Nebenrolle
Johann Adam Oest (in *Der goldene Drache*, Akademietheater)
Elfriede Schüsseleder (als Traudl Fasching in *Jedem das Seine*, Theater in der Josefstadt)
Libgart Schwarz (als Eine Greisin in *Helena*, Burgtheater / Wiener Festwochen)

Bester Nachwuchs
Sarah Viktoria Frick (als Das Mädchen in *Adam Geist*, Akademietheater)
Claudius von Stolzmann (als Dr. Jura in *Das Konzert*, Festspiele Reichenau)
Raimund Orfeo Voigt (Bühne für *Verbrennungen*, Schauspielhaus Graz)

Beste Off-Produktion
Frost (Theater Punkt, Regie: Sabine Mitterecker)

Bestes Stück – Autor:innenpreis
Kathrin Röggla: *worst case*
(Schauspielhaus Wien / Theater am Kirchplatz Schaan)

Spezialpreis
Gruppe Einmaliges Gastspiel / Hagnot Elischka (für *Psychiatrie!*, Regie: Jan-Christoph Gockel)
Matthias Hartmann (für die „öffentlichen Proben" von *Krieg und Frieden*, Burgtheater/ Kasino am Schwarzenbergplatz)
Cornelius Obonya (für das Solo *Cordoba – Das Rückspiel*, Rabenhof Theater)

Lebenswerk
Ulrike Kaufmann und Erwin Piplits

Publikumspreis
Paulus Manker

2011

Beste deutschsprachige Aufführung
Platonow (Schauspielhaus Zürich, Regie: Barbara Frey)
Die Weber (Deutsches Theater Berlin, Regie: Michael Thalheimer)
Zwischenfälle (Akademietheater, Regie: Andrea Breth)

Beste Regie
Andrea Breth (*Zwischenfälle*, Akademietheater)
Bernd Liepold-Mosser (*Amerika*, Stadttheater Klagenfurt)
Thomas Ostermeier (*Maß für Maß*,

Daniel Kehlmann, Maria Happel, Barbara Urbanek

Stephanie Mohr

Salzburger Festspiele / Schaubühne am Lehniner Platz Berlin)

Beste Ausstattung
Thomas Schulte-Michels (Bühne für *Herr Puntila und sein Knecht Matti*, Volkstheater)

Beste Schauspielerin
Ruth Brauer-Kvam (als Sally Bowles in Cabaret, Kammerspiele der Josefstadt)
Sarah Viktoria Frick (als Beppi in *Stallerhof*, Burgtheater/Kasino am Schwarzenbergplatz)
Nicola Kirsch (als Helen in *Waisen*, Schauspielhaus Wien)
Maria Köstlinger (als Una in *Blackbird*, Theater in der Josefstadt)
Caroline Peters (als Dr. Cyprian in *Professor Bernhardi*, Burgtheater)

Bester Schauspieler
Roland Koch (als Dr. Ebenwald in *Professor Bernhardi*, Burgtheater)
Max Mayer (in *Grillenparz* und *Bruno Schulz: Der Messias*, Schauspielhaus Wien)
Joachim Meyerhoff (als Dr. Bernhardi in *Professor Bernhardi*, Burgtheater)
Marcello de Nardo (als Puntila in *Herr Puntila und sein Knecht Matti*, Volkstheater, und als Oberst Redl in *Spion Oberst Redl*, Festspiele Reichenau)
Gert Voss (als Herzog Vincentio in *Maß für Maß*, Salzburger Festspiele / Schaubühne am Lehniner Platz Berlin)

Beste Nebenrolle
Raphael von Bargen (als Wächter in *Antigone*, Volkstheater)
Michou Friesz (in *Frühlings Erwachen*, Kammerspiele der Josefstadt)
Susa Meyer (als Mrs. Chasen in *Harold and Maude*, Volkstheater)
Udo Samel (als Narbonne in *Der Parasit* und als Dr. Pflugfelder in *Professor Bernhardi*, Burgtheater)
Oliver Stokowski (als La Roche in *Der Parasit*, Burgtheater)

Bester Nachwuchs
Franziska Hackl (als Flora in *Grillenparz*, Schauspielhaus Wien)
Claudius Körber (als Hamlet in *Hamlet* und als Peer Gynt in *Peer Gynt*, Schauspielhaus Graz)
Sarantos Zervoulakos (Regie bei *Eine Sommernacht*, Burgtheater/Vestibül)

Beste Off-Produktion
Ganymed Boarding (wenn es soweit ist / Kunsthistorisches Museum, Regie: Jacqueline Kornmüller)
Das Nibelungenlied (Justus Neumann / Theaterverein zum aufgebundenen Bären / Dschungel Wien, Regie: Hanspeter Horner)
Theater Nestroyhof Hamakom (Gesamtkonzept Spielzeit 2010/2011, Leitung: Frederic Lion, Amira Bibawy)

Peter Handke

Dörte Lyssewski

Beste Bundesländer-Aufführung
Amerika (Stadttheater Klagenfurt, Regie: Bernd Liepold-Mosser)
Das Maß der Dinge (Salzburger Landestheater, Regie: Alexandra Liedtke)
Der Meister und Margarita (Schauspielhaus Graz, Regie: Viktor Bodó)

Bestes Stück – Autor:innenpreis
Peter Handke: *Immer noch Sturm*
(Salzburger Festspiele / Thalia Theater Hamburg)

Spezialpreis
Henry Mason (für seine Inszenierungen *Just so, Die 39 Stufen* und *Cymbelin* am Theater der Jugend)
Isabella Suppanz (für ihre Intendanz am Landestheater Niederösterreich)
Franz Wittenbrink (für seine Produktion *Eh wurscht*, Theater in der Josefstadt)

Lebenswerk
Peter Turrini

Publikumspreis
Eleonore Bürcher

2012

Beste deutschsprachige Aufführung
Prinz Friedrich von Homburg (Salzburger Festspiele / Burgtheater, Regie: Andrea Breth)
Satansbraten (Münchner Kammerspiele, Regie: Stefan Pucher)
Winterreise (Akademietheater, Regie: Stefan Bachmann)

Beste Regie
Elmar Goerden (*John Gabriel Borkman*, Theater in der Josefstadt)
Stephanie Mohr (*Woyzeck & The Tiger Lillies*, Vereinigte Bühnen Wien / Museumsquartier)
Thomas Vinterberg (*Die Kommune*, Akademietheater)

Beste Ausstattung
Olaf Altmann (Bühne für *Winterreise*, Akademietheater)

Beste Schauspielerin
Andrea Eckert (als Dorothea Neff in *Du bleibst bei mir*, Volkstheater)
Regina Fritsch (als Anna in *Die Kommune*, Akademietheater)
Nicole Heesters (als Gunhild Borkman in *John Gabriel Borkman*, Theater in der Josefstadt)
Steffi Krautz (als Adele Gödel in *Geister in Princeton*, Schauspielhaus Graz)

Joachim Meyerhoff, Matthias Hartmann

Maria Bill

Dörte Lyssewski (als Blanche DuBois in *Endstation Sehnsucht*, Burgtheater)

Bester Schauspieler

Raphael von Bargen (als Woyzeck in *Woyzeck & The Tiger Lillies*, Vereinigte Bühnen Wien / Museumsquartier)
August Diehl (als Prinz Friedrich von Homburg in *Prinz Friedrich von Homburg*, Salzburger Festspiele / Burgtheater)
Michael Maertens (als Sir Robert Chiltern in *Der ideale Mann*, Akademietheater)
Joachim Meyerhoff (als Erek in *Die Kommune*, Akademietheater)
Johannes Silberschneider (als Kurt Gödel in *Geister in Princeton*, Schauspielhaus Graz)

Beste Nebenrolle

Maria Bill (als Jenny in *Die Dreigroschenoper*, Volkstheater)
Joachim Bißmeier (als Doktor in *Woyzeck & The Tiger Lillies*, Vereinigte Bühnen Wien / Museumsquartier)
Brigitta Furgler (als Frau Vockerat in *Einsame Menschen*, Landestheater Niederösterreich)
Fabian Krüger (in *Das Trojanische Pferd*, Burgtheater/Kasino am Schwarzenbergplatz)
Heribert Sasse (als Vilhelm Foldal in *John Gabriel Borkman*, Theater in der Josefstadt)

Bester Nachwuchs

Miloš Lolić (Regie bei *Magic Afternoon*, Volkstheater / Schwarzer Salon)
Daniel Sträßer (als Romeo in *Romeo und Julia*, Burgtheater)
Nanette Waidmann (als Lisa in *Kinder der Sonne*, Volkstheater)

Beste Off-Produktion

F. Zawrel – erbbiologisch und sozial minderwertig (Schubert Theater / Nikolaus Habjan, Regie: Simon Meusburger)
Hamlet Sein (Tag – Theater an der Gumpendorfer Straße, Regie: Gernot Plass)
Nachtasyl (Theater zum Fürchten / Theater Scala, Regie: Babett Arens)

Beste Bundesländer-Aufführung

Einsame Menschen (Landestheater Niederösterreich, Regie: Janusz Kica)
Geister in Princeton (Schauspielhaus Graz, Regie: Anna Badora)
Die letzten Tage der Menschlichkeit (Herrenseetheater Litschau, Regie: Zeno Stanek)

Bestes Stück – Autor:innenpreis

Daniel Kehlmann: *Geister in Princeton* (Schauspielhaus Graz)

Spezialpreis

Garage X (für die Spielzeit 2011/2012)
Iba de gaunz oamen Leit (Regie: Anatole Sternberg, Rabenhof Theater)
Hubsi Kramar (für seine Verdienste um das 3raum-Anatomietheater)

Luc Bondy

Michael Ronen, Yael Ronen, Birgit Stöger

Lebenswerk
Karlheinz Hackl

Publikumspreis
Claudius Körber

2013

Beste deutschsprachige Aufführung
Elektra (Burgtheater, Regie: Michael Thalheimer)
Hedda Gabler (Residenztheater München, Regie: Martin Kušej)
Reise durch die Nacht (Schauspiel Köln, Regie: Katie Mitchell)

Beste Regie
Martin Kušej (*In Agonie*, Wiener Festwochen / Residenztheater München)
Georg Schmiedleitner (*Kasimir und Karoline*, Theater in der Josefstadt)
Michael Thalheimer (*Elektra*, Burgtheater)

Beste Ausstattung
Annette Murschetz (Bühne für *In Agonie*, Wiener Festwochen / Residenztheater München)

Beste Schauspielerin
Sandra Cervik (als Annie in *Speed*, Theater in der Josefstadt)
Gerti Drassl (als Franziska Jägerstätter in *Jägerstätter*, Theater in der Josefstadt)
Franziska Hackl (als Medea in *Mamma Medea*, Landestheater Niederösterreich)
Christiane von Poelnitz (als Elektra in *Elektra*, Burgtheater)
Katharina Straßer (als Karoline in *Kasimir und Karoline*, Theater in der Josefstadt)

Bester Schauspieler
Gregor Bloéb (als Franz Jägerstätter in *Jägerstätter*, Theater in der Josefstadt)
Norman Hacker (als Oberleutnant Walter in *In Agonie*, Wiener Festwochen / Residenztheater München)
Philipp Hochmair (in *Jedermann*, Salzburger Festspiele / Thalia Theater Hamburg)
Nicholas Ofczarek (als Knieriem in *Der böse Geist Lumpazivagabundus*, Salzburger Festspiele / Burgtheater, und als Wanja in *Onkel Wanja*, Akademietheater)
Gert Voss (als Orgon in *Tartuffe*, Akademietheater / Wiener Festwochen und als Serebrjakow in *Onkel Wanja*, Akademietheater)

Beste Nebenrolle
Till Firit (als Lewin in *Anna Karenina*, Volkstheater)
Dominic Oley (als Dr. Feldmann in *Jägerstätter* und als Mulholland in *Speed*, Theater in der Josefstadt)
Barbara Petritsch (als Frau Muskat in *Liliom*, Burgtheater)
Catrin Striebeck (als Klytämnestra in

Christiane von Poelnitz

August Diehl

Gregor Bloéb, Nina Proll

Elektra, Burgtheater)
Adina Vetter (als Chrysothemis in *Elektra*, Burgtheater)

Bester Nachwuchs

Jasna Fritzi Bauer (als Luise in *Liliom*, Burgtheater, und als Purl Schweitzke in *Einige Nachrichten an das All*, Akademietheater)
Hanna Binder (als Kitty in *Anna Karenina*, Volkstheater)
Stefan Rosenthal (als Sam McQueen in *Wie man unsterblich wird*, Theater der Jugend)

Beste Off-Produktion

Habe die Ehre (Wiener Wortstaetten / Theater Nestroyhof Hamakom, Regie: Hans Escher)
Moorland (Tag – Theater an der Gumpendorfer Straße, Regie: Gernot Plass)
Der Selbstmörder (Theater zum Fürchten / Theater Scala, Regie: Bruno Max)

Beste Bundesländer-Aufführung

Hakoah Wien (Schauspielhaus Graz, Regie: Yael Ronen)
Mamma Medea (Landestheater Niederösterreich, Regie: Philipp Hauß)
Wir verkaufen immer (Theater Wolkenflug / Landesmuseum Kärnten, Regie: Ute Liepold)

Bestes Stück – Autor:innenpreis

Elfriede Jelinek: *Schatten (Eurydike sagt)* (Akademietheater)

Spezialpreis

Andreas Beck (für die Produktion von *Der Seidene Schuh oder Das Schlimmste trifft nicht immer zu* am Schauspielhaus Wien)
Thomas Birkmeir (für zehn Jahre innovatives Kinder- und Jugendtheater am Theater der Jugend)
Eva Jantschitsch alias Gustav (für das Musikkonzept zu *Der Alpenkönig und der Menschenfeind*, Burgtheater)

Lebenswerk

Luc Bondy

Publikumspreis

Florian Teichtmeister

2014

Beste deutschsprachige Aufführung

Common Ground (Maxim Gorki Theater Berlin, Regie: Yael Ronen)
Faust (Residenztheater München, Regie: Martin Kušej)
Tauberbach (Münchner Kammerspiele / Les Ballets C de la B / NT Gent, Regie: Alain Platel)

Beste Regie

Antonio Latella (*Die Wohlgesinnten*, Schauspielhaus Wien)

Klaus Maria Brandauer

Nicole Heesters

Peter Matić

Krystian Lupa (*Holzfällen*, Schauspielhaus Graz)
Michael Schottenberg (*Woyzeck*, Volkstheater)

Beste Ausstattung
Hans Kudlich (Bühne für *Woyzeck*, Volkstheater)

Beste Schauspielerin
Hanna Binder (als Marie in *Woyzeck*, Volkstheater)
Maria Happel (als Mutter Courage in *Mutter Courage und ihre Kinder*, Burgtheater)
Nicole Heesters (als Vera in *Vor dem Ruhestand*, Theater in der Josefstadt)
Sona MacDonald (als Marlene Dietrich in *Spatz und Engel*, Burgtheater, und als Inger in *Wie im Himmel*, Theater in der Josefstadt)
Birgit Stöger (als Asra in *Niemandsland*, Schauspielhaus Graz)

Bester Schauspieler
Haymon Maria Buttinger (als Woyzeck in *Woyzeck*, Volkstheater)
August Diehl (als Hamlet in *Hamlet*, Burgtheater)
Johannes Silberschneider (als Thomas in *Holzfällen*, Schauspielhaus Graz)
Daniel Sträßer (als Konstantin in *Die Möwe*, Akademietheater)
Thiemo Strutzenberger (als Maximilian Aue in *Die Wohlgesinnten*, Schauspielhaus Wien)

Beste Nebenrolle
Claudia Kottal (als Inés in *Don Gil von den grünen Hosen*, Theater der Jugend)
Christoph Krutzler (in *Die letzten Tage der Menschheit*, Salzburger Festspiele / Burgtheater)
Eva Maria Marold (als Hilde in *Hafen Wien*, Rabenhof Theater)
Peter Matić (in *Die letzten Tage der Menschheit*, Salzburger Festspiele / Burgtheater)
Albrecht Abraham Schuch (als Sekretär in *Maria Magdalena*, Burgtheater)

Bester Nachwuchs
Iréna Flury (als Juana in *Don Gil von den grünen Hosen*, Theater der Jugend)
Swintha Gersthofer (als Edrita in *Weh dem, der lügt!*, Landestheater Niederösterreich)
Stefan Gorski (als Gavrilo Princip in *1914 – Zwei Wege in den Untergang*, Festspiele Reichenau)
Gideon Maoz (in *Wie Mücken im Licht* und in *Allerwelt*, Schauspielhaus Wien)
Raphaela Möst (als Agnes in *Die Geschichte vom Fräulein Pollinger*, Theater in der Josefstadt / Probebühne)

Beste Off-Produktion
Wiener.Wald.Fiction (Das Bernhard Ensemble / Das Off-Theater, Regie: Ernst Kurt Weigel)
Hafen Wien (Rabenhof Theater, Regie: Thomas Gratzer)

Susanne Lietzow

Der diskrete Charme der smarten Menschen (Tag – Theater an der Gumpendorfer Straße, Regie: Ed. Hauswirth)

Beste Bundesländer-Aufführung
Höllenangst (Theater Phönix Linz, Regie: Susanne Lietzow)
Meine Mutter, Kleopatra (Landestheater Niederösterreich, Regie: Róbert Alföldi)
Weh dem, der lügt! (Landestheater Niederösterreich, Regie: Alexander Charim)

Bestes Stück – Autor:innenpreis
David Greig: *Die Ereignisse*
(Schauspielhaus Wien)

Spezialpreis
Peter Gruber (für vier Jahrzehnte Nestroy-Spiele Schwechat)

Lebenswerk
Klaus Maria Brandauer

Publikumspreis
Maria Happel

2015

Beste deutschsprachige Aufführung
Die lächerliche Finsternis
(Akademietheater, Regie: Dušan David Pařízek)
der die mann (Volksbühne am Rosa-Luxemburg-Platz Berlin, Regie: Herbert Fritsch)
Warum läuft Herr R. Amok? (Münchner Kammerspiele, Regie: Susanne Kennedy)

Beste Regie
Elmar Goerden (*Kafka*, Theater in der Josefstadt)
Sebastian Nübling (*Noise*, Wiener Festwochen / Junges Theater Basel)
Simon Stone (*John Gabriel Borkman*, Akademietheater / Wiener Festwochen / Theater Basel)

Beste Ausstattung
Ivan Bazak (Bühne für *Johnny Breitwieser*, Schauspielhaus Wien)

Beste Schauspielerin
Andrea Jonasson (als Mutter in *Am Ziel*, Theater in der Josefstadt)
Katja Jung (als Betty Alighieri in *Hunde Gottes*, Schauspielhaus Wien)
Birgit Minichmayr (als Gunhild Borkman in *John Gabriel Borkman*, Akademietheater / Wiener Festwochen / Theater Basel)

Roland Koch

Simon Stone

Elisabeth Orth (als Die Alte in *die unverheiratete*, Akademietheater)
Caroline Peters (als Ella Rentheim in John Gabriel Borkman, Akademietheater / Wiener Festwochen / Theater Basel)

Bester Schauspieler
Steffen Höld (als Dave Gahan in *Als ich einmal tot war und Martin L. Gore mich nicht besuchen kam*, Schauspielhaus Wien)
Michael Maertens (als Mistingue in *Die Affäre Rue de Lourcine*, Burgtheater)
Nicholas Ofczarek (als Lenglumé in *Die Affäre Rue de Lourcine*, Burgtheater)
Martin Vischer (als Johnny Breitwieser in *Johnny Breitwieser*, Schauspielhaus Wien)
Martin Wuttke (als John Gabriel Borkman in *John Gabriel Borkman*, Akademietheater / Wiener Festwochen / Theater Basel)

Beste Nebenrolle
Herbert Föttinger (als Sigmund Freud in *Eine dunkle Begierde*, Theater in der Josefstadt)
Philipp Hauß (als Bote in *Antigone*, Burgtheater, und als Chris in *Das Reich der Tiere*, Akademietheater)
Roland Koch (als Wilhelm Foldal in *John Gabriel Borkman*, Akademietheater / Wiener Festwochen / Theater Basel)
Therese Lohner (als Tochter in *Am Ziel*, Theater in der Josefstadt)

Matthias Mamedof (als Camille Chandebise in *Floh im Ohr*, Volkstheater)

Bester Nachwuchs weiblich
Tanja Raunig (als Pony Hütchen in *Emil und die Detektive*, Theater der Jugend)
Stefanie Reinsperger (in *Die lächerliche Finsternis*, Akademietheater)
Dominique Wiesbauer (Ausstattung für *Das Schwert des Ostens*, Rabenhof Theater)

Bester Nachwuchs männlich
Alexander Absenger (in *Kafka* und in *Die Kameliendame*, Theater in der Josefstadt)
Benedikt Paulun (als Max in *Freak*, Theater der Jugend)
Benjamin Vanyek (in *Kafka's Affe oder Die Hochzeit des Tieffalls*, Ateliertheater Reloaded)

Beste Off-Produktion
Gefährliche Liebschaften (Regie: Alexander Pschill und Kaja Dymnicki)
Pension Europa (Aktionstheater Ensemble / Bregenzer Frühling / Werk X, Regie: Martin Gruber)
Proletenpassion 2015 ff (Werk X, Regie: Christine Eder)

Beste Bundesländer-Aufführung
Anna Karenina (Tiroler Landestheater, Regie: Susanne Schmelcher)

Dušan David Pařízek, Stefanie Reinsperger, Wolfram Lotz

Achim Freyer

Das Missverständnis (Schauspielhaus Graz, Regie: Nikolaus Habjan)
Der Sturm (Theater Phönix Linz, Regie: Susanne Lietzow)

Bestes Stück – Autor:innenpreis
Wolfram Lotz: *Die lächerliche Finsternis* (Akademietheater)

Spezialpreis
Glanzstoff (Felix-Mitterer-Stück in der Glanzstoff-Fabrik St. Pölten, Bürgertheater des Landestheaters Niederösterreich, Regie: Renate Aichinger)
Die sieben Todsünden (Maria Bill im Volkstheater)
The Making of Österreich (Eine Tour durch den MQ-Dachboden mit Austrofred, Koproduktion Toxic Dreams, Dschungel, Kunsthalle, Museumsquartier, Performing Center Austria, Tanzquartier Wien)

Lebenswerk
Achim Freyer

Publikumspreis
Florian Teichtmeister

2016

Beste deutschsprachige Aufführung
Engel in Amerika (Theater Basel, Regie: Simon Stone)
Ein Käfig ging einen Vogel suchen (Deutsches Theater Berlin, Regie: Andreas Kriegenburg)
Schiff der Träume (Deutsches Schauspielhaus Hamburg, Regie: Karin Beier)

Beste Regie
Anna Bergmann (*Fräulein Julie*, Theater in der Josefstadt)
Andrea Breth (*Diese Geschichte von Ihnen*, Akademietheater)
Jan-Christoph Gockel (*Imperium*, Schauspielhaus Wien)

Beste Ausstattung
Harald B. Thor (Bühne für *Wassa Schelesnowa*, Burgtheater)

Beste Schauspielerin
Stefanie Dvorak (als Mariedl in *Die Präsidentinnen*, Akademietheater)
Claudia Kottal (als sieben Figuren in *Die Blonde, die Brünette und die Rache der Rothaarigen*, Kosmos Theater)
Sona MacDonald (als Julie in *Fräulein Julie*, Theater in der Josefstadt, und als Sie in *Blue Moon*, Kammerspiele der Josefstadt)
Caroline Peters (als Andrea in *Bella Figura*, Akademietheater)
Stefanie Reinsperger (in *Selbstbezichtigung*, Volkstheater / Volx)

Bester Schauspieler
August Diehl (als Baxter in *Diese Geschichte*

Signa (Signa und Arthur Köstler)

Julia Gräfner

von Ihnen, Akademietheater)
Rainer Galke (als Irrsigler in *Alte Meister*, Volkstheater)
Michael Maertens (als Anton Antonowitsch in *Der Revisor*, Burgtheater)
Nicholas Ofczarek (als Johnson in *Diese Geschichte von Ihnen*, Akademietheater)
Florian Teichtmeister (als Jean in *Fräulein Julie*, Theater in der Josefstadt)

Beste Nebenrolle

Gábor Biedermann (als Lwow in *Iwanow*, Volkstheater)
Joachim Bißmeier (als Nagg in *Endspiel*, Salzburger Festspiele / Akademietheater)
Mavie Hörbiger (als Smeraldina in *Der Diener zweier Herren*, Burgtheater)
Martin Reinke (in *Die Wiedervereingung der beiden Koreas*, Akademietheater)
Siegfried Walther (als Kringelein in *Menschen im Hotel*, Kammerspiele der Josefstadt)

Bester Nachwuchs weiblich

Mieke Biendara (als Marie in *Netboy*, Theater der Jugend)
Julia Gräfner (als Caliban in *Der Sturm*, Schauspielhaus Graz)
Marie-Luise Stockinger (als Irina in *Drei Schwestern*, Burgtheater)

Bester Nachwuchs männlich

Luka Dimic (als Tschick in *Tschick*, Theater der Jugend)
Tino Hillebrand (als Rolf in *dosenfleisch*, Burgtheater/Kasino am Schwarzenbergplatz)
Meo Wulf (als Maik Klingenberg in *Tschick*, Theater der Jugend)

Beste Off-Produktion

Bluad, Roz und Wossa (Tag – Theater an der Gumpendorfer Straße, Regie: Christian Suchy)
In weiter Ferne (Theater Nestroyhof Hamakom, Regie: Ingrid Lang)
Kein Stück über Syrien (Aktionstheater Ensemble / Spielboden Dornbirn / Werk X, Regie: Martin Gruber)

Beste Bundesländer-Aufführung

Kasimir und Karoline (Schauspielhaus Graz, Regie: Dominic Friedel)
Lavant! (Stadttheater Klagenfurt, Regie: Bernd Liepold-Mosser)
Lichter der Vorstadt (Landestheater Niederösterreich, Regie: Alexander Charim)

Bestes Stück – Autor:innenpreis

Yael Ronen: *Lost and Found* (Volkstheater)

Spezialpreis

Das Kapitalismustribunal (Haus Bartleby / Brut)
Schutzbefohlene performen Jelineks Schutzbefohlene (Die Schweigende Mehrheit, Regie: Tina Leisch & Bernhard Dechant)
Wir Hunde / Us Dogs (Signa, Wiener Festwochen / Volkstheater)

Maresi Riegner

Nikolaus Habjan

Rainer Galke

Lebenswerk
Frank Castorf

Publikumspreis
Nikolaus Habjan

2017

Beste deutschsprachige Aufführung
Drei Schwestern (Theater Basel, Regie: Simon Stone)
Faust (Volksbühne am Rosa-Luxemburg-Platz Berlin, Regie: Frank Castorf)
Die Räuber (Residenztheater München, Regie: Ulrich Rasche)

Beste Regie
Jan Bosse (*Die Welt im Rücken*, Akademietheater)
Elmar Goerden (*Die Verdammten*, Theater in der Josefstadt)
Mateja Koležnik (*Die Wildente*, Theater in der Josefstadt)

Beste Ausstattung
Katrin Brack (Bühne für *Carol Reed und der herzerlfresser*, Akademietheater)

Beste Schauspielerin
Lina Beckmann (als Rose Bernd in *Rose Bernd*, Salzburger Festspiele / Deutsches Schauspielhaus Hamburg)
Gerti Drassl (als Gina Ekdal in *Die Wildente*, Theater in der Josefstadt)
Andrea Jonasson (als Sophie von Essenbeck in *Die Verdammten*, Theater in der Josefstadt)
Evi Kehrstephan (als Célimène in *Der Menschenfeind*, Volkstheater)
Christiane von Poelnitz (als Josephine Krüger in *Pension Schöller*, Burgtheater, und als Atossa in *Die Perser*, Akademietheater)

Bester Schauspieler
Lukas Holzhausen (als Alceste in *Der Menschenfeind*, Volkstheater)
Roland Koch (als Philipp Klapproth in *Pension Schöller*, Burgtheater)
Joachim Meyerhoff (in *Die Welt im Rücken*, Akademietheater)
Tobias Moretti (als Jedermann in *Jedermann*, Salzburger Festspiele)
Steven Scharf (als John Proctor in *Hexenjagd*, Burgtheater)

Beste Darstellung einer Nebenrolle
Alexander Absenger (als Martin von Essenbeck in *Die Verdammten*, Theater in der Josefstadt)
Tonio Arango (als Er in *Lenya Story*, Kammerspiele der Josefstadt)
Rainer Galke (als Oronte in *Der Menschenfeind*, Volkstheater)
Birgit Stöger (als Arsinoé in *Der Menschenfeind* und als Erna in *Kasimir und Karoline*

Ayad Akhtar

Brigitte Karner, Peter Simonischek

von Ödön von Horváth, Volkstheater)
Eduard Wildner (als Habakuk in *Der Alpenkönig und der Menschenfeind*, Raimundspiele Gutenstein)

Bester Nachwuchs weiblich

Felicitas Franz (als Annie Sullivan in *The Miracle Worker*, Theater der Jugend)
Carolin Knab (als Janne in *Hose Fahrrad Frau*, Volkstheater / Volx)
Maresi Riegner (als Helen Keller in *The Miracle Worker*, Theater der Jugend, und als Hedvig in *Die Wildente*, Theater in der Josefstadt)
Alina Schaller (als Shirley in *Hangmen (Die Henker)*, Volkstheater / Volx)
Miroslava Svolikova (Autorin von *Diese Mauer fasst sich selbst zusammen und der Stern hat gesprochen, der Stern hat auch was gesagt*, Schauspielhaus Wien)

Bester Nachwuchs männlich

Jakob Elsenwenger (als Tom Ripley in *Der talentierte Mr. Ripley*, Theater der Jugend)
Felix Hafner (Regie bei *Der Menschenfeind*, Volkstheater)
Simon Jensen (als Dromio in *Die Komödie der Irrungen*, Burgtheater)
Franz-Xaver Mayr (Regie bei *Diese Mauer fasst sich selbst zusammen und der Stern hat gesprochen, der Stern hat auch was gesagt*, Schauspielhaus Wien)
Merlin Sandmeyer (in *Platons Party*, Burgtheater/Kasino am Schwarzenbergplatz, *Die Komödie der Irrungen*, Burgtheater, und *der herzerlfresser*, Akademietheater)

Beste Off-Produktion

Holodrio – Lass mich Dein Drecksstück sein! (Rabenhof Theater, Regie: Thomas Gratzer)
Ja, eh! – Beisl, Bier und Bachmannpreis (Rabenhof Theater, Regie: Christina Tscharyiski)
Macht und Rebel (Werk X, Regie: Ali M. Abdullah)

Beste Bundesländer-Aufführung

Der Auftrag: Dantons Tod (Schauspielhaus Graz, Regie: Jan-Christoph Gockel)
Maria Stuart (Stadttheater Klagenfurt, Regie: Stephanie Mohr)
Ein Sommernachtstraum oder Badewannengriffe im Preisvergleich (Theater Phönix Linz, Regie: Kurt Palm)

Bestes Stück – Autor:innenpreis

Ayad Akhtar: Geächtet (Schauspielhaus Graz und Burgtheater)

Spezialpreis

Bronski & Grünberg
Ravemachine (Doris Uhlich und Michael

Karin Bergmann, Karin Kathrein

Peter Fasching

Sara Ostertag mit Makemake-Team und den Kosmos-Theater-Leiterinnen Barbara Klein (ganz links) und Veronika Steinböck

Turinsky, Brut / WUK performing arts)
Kasimir und Karoline (600 Highwaymen / Salzburger Festspiele)

Lebenswerk
Kirsten Dene

Publikumspreis
Max Simonischek

2018

Beste Aufführung im deutschsprachigen Raum
Beute Frauen Krieg (Schauspielhaus Zürich, Regie: Karin Henkel)
Das Internat (Theater Dortmund, Regie: Ersan Mondtag)
Die Perser (Salzburger Festspiele / Schauspiel Frankfurt, Regie: Ulrich Rasche)

Beste Regie
Thomas Köck und Elsa-Sophie Jach (*die zukunft reicht uns nicht (klagt, kinder, klagt!)*, Schauspielhaus Wien)
Dušan David Pařízek (*Vor Sonnenaufgang*, Akademietheater)
Simon Stone (*Hotel Strindberg*, Akademietheater / Theater Basel)

Beste Ausstattung
Alice Babidge (Bühne für *Hotel Strindberg*, Akademietheater / Theater Basel)

Beste Schauspielerin
Anja Herden (in *Mitleid. Die Geschichte des Maschinengewehrs*, Volkstheater/Volx)
Sandra Hüller (als Penthesilea in *Penthesilea*, Salzburger Festspiele / Schauspielhaus Bochum)
Caroline Peters (in *Hotel Strindberg*, Akademietheater / Theater Basel)
Aenne Schwarz (als Zarina in *The Who and the What*, Akademietheater)
Valery Tscheplanowa (in *Die Perser*, Salzburger Festspiele / Schauspiel Frankfurt)

Bester Schauspieler
Herbert Föttinger (als Dr. Bernhardi in *Professor Bernhardi*, Theater in der Josefstadt)
Jens Harzer (als Achilles in *Penthesilea*, Salzburger Festspiele / Schauspielhaus Bochum)
Michael Maertens (als Alfred Loth in *Vor Sonnenaufgang*, Akademietheater)
Peter Simonischek (als Afzal in *The Who and the What*, Akademietheater)
Martin Wuttke (in *Hotel Strindberg*, Akademietheater / Theater Basel)

Beste Darstellung einer Nebenrolle
Yousif Ahmad (als Yousef in *Gutmenschen*, Volkstheater)
Dörte Lyssewski (als Annemarie Krause in *Vor Sonnenaufgang*, Akademietheater)
Falk Rockstroh (als Baron Franz von Trotta in *Radetzkymarsch*, Burgtheater)
Alexander Strobele (als Eder in *In der*

Lara Sienczak

Ulrich Rasche und Ensemble

Löwengrube, Theater in der Josefstadt)
Martin Vischer (als Jim O'Connor in *Die Glasmenagerie*, Akademietheater)

Bester Nachwuchs weiblich
Lara Sienczak (als Sophie Scholl in *Die Weiße Rose*, Theater der Jugend)
Irina Sulaver (in *Saturn kehrt zurück*, Burgtheater/Vestibül)
Claudia Waldherr (als Lottie Fox in *Der fantastische Mr. Fox*, Theater der Jugend)

Bester Nachwuchs männlich
Nicolaas van Diepen (in *Swing: Dance to the Right*, Aktionstheater Ensemble / Werk X / Spielboden Dornbirn)
Peter Fasching (in *Die Zehn Gebote*, Volkstheater)
Felix Strobel (als Hans Scholl und Fritz Hartnagel in *Die Weiße Rose*, Theater der Jugend)

Beste Off-Produktion
Homohalal (Werk X, Regie: Ali M. Abdullah)
Muttersprache Mameloschn (Makemake Produktionen / Kosmos Theater, Regie: Sara Ostertag)
Viel gut essen (Rabenhof Theater / ARGEkultur Salzburg, Sibylle Berg & Kreisky)

Beste Bundesländer-Aufführung
Böhm (Schauspielhaus Graz, Regie: Nikolaus Habjan)
Iwanow (Stadttheater Klagenfurt / Vereinigte Bühnen Bozen, Regie: Mateja Koležnik)
Srebrenica (Schauspielhaus Salzburg / Bauern helfen Bauern, Regie: Peter Arp)

Bestes Stück – Autor:innenpreis
Ferdinand Schmalz: *jedermann (stirbt)* (Burgtheater)

Spezialpreis
Apollon (Florentina Holzinger / Spirit / Tanzquartier Wien)
Häusliche Gewalt Wien (Markus Öhrn / Wiener Festwochen)
Die Kinder der Toten (Nature Theater of Oklahoma / Steirischer Herbst)

Lebenswerk
Peter Handke

Publikumspreis
Nikolaus Habjan

Spezial-Nestroy
Karin Kathrein

2019

Beste Aufführung im deutschsprachigen Raum
Dionysos Stadt (Münchner Kammerspiele, Regie: Christopher Rüping)
Häuptling Abendwind (Deutsches

Jan Thümer (mit Trophäe von Thomas Frank), Raimund Orfeo Voigt, Christopher Rüping, Andrea Breth, Anna Rieser, Steven Scharf, Steffi Krautz, Johan Simons, Evi Kehrstephan, Sibylle Berg, Moritz F. Beichl, Jan-Christoph Gockel, Markus Öhrn (v.l.)

Schauspielhaus Hamburg, Regie: Christoph Marthaler)
Tartuffe oder Das Schwein der Weisen (Theater Basel, Regie: Claudia Bauer)

Beste Regie

Kornél Mundruczó (*Liliom*, Salzburger Festspiele / Thalia Theater Hamburg)
Dušan David Pařízek (*König Ottokars Glück und Ende*, Volkstheater)
Johan Simons (*Woyzeck*, Akademietheater / Schauspielhaus Bochum)

Beste Ausstattung

Katrin Brack (Bühne für *Deponie Highfield*, Akademietheater / Wiener Festwochen)
Monika Pormale (Bühne für *Liliom*, Salzburger Festspiele / Thalia Theater Hamburg)
Raimund Orfeo Voigt (Bühne für *Der einsame Weg*, Theater in der Josefstadt, und *Sommergäste*, Salzburger Festspiele)

Beste Schauspielerin

Anna Drexler (als Marie in *Woyzeck*, Akademietheater / Schauspielhaus Bochum)
Steffi Krautz (als Blanche DuBois in *Endstation Sehnsucht*, Volkstheater)
Caroline Peters (als Anna in *Medea*, Burgtheater)
Maja Schöne (als Julie in *Liliom*, Salzburger Festspiele / Thalia Theater Hamburg)
Andrea Wenzl (als Elisabeth in *Glaube Liebe Hoffnung*, Burgtheater)

Bester Schauspieler

Benny Claessens (in *Hass-Triptychon – Wege aus der Krise*, Wiener Festwochen / Maxim Gorki Theater Berlin)
Lukas Holzhausen (als Rudolf von Habsburg in *König Ottokars Glück und Ende*, Volkstheater)
Jörg Pohl (als Liliom in *Liliom*, Salzburger Festspiele / Thalia Theater Hamburg)
Steven Scharf (als Lucas in *Medea*, Burgtheater, und als Woyzeck in *Woyzeck*, Akademietheater / Schauspielhaus Bochum)
Johannes Silberschneider (als Jacobowsky in *Jacobowsky und der Oberst*, Theater in der Josefstadt)

Beste Darstellung einer Nebenrolle

Rainer Galke (als Margarethe von Österreich / Paltram Vatzo / Friedrich Zollern in *König Ottokars Glück und Ende*, Volkstheater)
Evi Kehrstephan (als Anna in *Biedermann und die Brandstifter*, Volkstheater)
Alexandra Krismer (in *Radetzkymarsch*, Theater in der Josefstadt)
Christoph Luser (als Erich Spitta in *Die Ratten*, Burgtheater)
Oda Thormeyer (als Frau Muskat in *Liliom*, Salzburger Festspiele / Thalia Theater Hamburg)

Evi Kehrstephan

Bester Nachwuchs weiblich
Pınar Karabulut (Regie bei *Endstation Sehnsucht*, Volkstheater)
Enis Maci (Autorin von *Autos*, Schauspielhaus Wien)
Anna Rieser (als Grace in *Dogville*, Landestheater Linz)

Bester Nachwuchs männlich
Moritz Beichl (Regie bei *Der Tag, an dem mein Großvater ein Held war*, Landestheater Niederösterreich)
Niklas Doddo (als Phil in *Die Mitte der Welt*, Theater der Jugend)
Matthias Rippert (Regie bei *Ernst ist das Leben (Bunbury)*, Landestheater Linz)

Beste Off-Produktion
Anstoß – Ein Sportstück (TheaterArche, Regie: Jakub Kavin)
The Bruno Kreisky Lookalike (Toxic Dreams / WUK performing arts, Regie: Yosi Wanunu)
Liliom.Club (Das Bernhard Ensemble / Das Off-Theater, Regie: Ernst Kurt Weigel)

Beste Bundesländer-Aufführung
Kasimir und Karoline (Landestheater Linz, Regie: Susanne Lietzow)
Die Revolution frisst ihre Kinder! (Schauspielhaus Graz / Africolognefestival, Regie: Jan-Christoph Gockel)
Vor Sonnenaufgang (Stadttheater Klagenfurt, Regie: Georg Schmiedleitner)

Bestes Stück – Autor:innenpreis
Sibylle Berg: *Hass-Triptychon – Wege aus der Krise* (Wiener Festwochen / Maxim Gorki Theater Berlin)

Spezialpreis
3 Episodes of Life (Markus Öhrn / Wiener Festwochen)
Das Dorf (Nesterval / Brut, Regie: Herr Finnland)
Ungebetene Gäste (Darum – Laura Andreß, Victoria Halper, Kai Krösche / Werk X Petersplatz)

Lebenswerk
Andrea Breth

Publikumspreis
Thomas Frank

2020

Beste Aufführung im deutschsprachigen Raum
Glauben an die Möglichkeit der völligen Erneuerung der Welt (Friedrichstadt-Palast Berlin, Regie: René Pollesch und Fabian Hinrichs)
Der Mensch erscheint im Holozän (Schauspielhaus Zürich, Regie: Alexander Giesche)
Die Räuberinnen (Münchner Kammerspiele, Regie: Leonie Böhm)

Peter Fässlacher, Nadja Bernhard

Beste Regie
Viktor Bodó (*Peer Gynt*, Volkstheater)
Florentina Holzinger (*Tanz. Eine sylphidische Träumerei in Stunts*, Spirit / Tanzquartier Wien)
Amélie Niermeyer (*Der Kirschgarten*, Theater in der Josefstadt)

Beste Ausstattung
Bettina Meyer (Bühne für *The Party*, Burgtheater)
Ene-Liis Semper und Tiit Ojasoo (Bühne, Kostüme und Video für *Meister und Margarita*, Akademietheater)
Annelies Vanlaere (Kostüme für *Der Kirschgarten*, Theater in der Josefstadt)

Beste Schauspielerin
Beatrice Cordua (in *Tanz. Eine sylphidische Träumerei in Stunts*, Spirit/Tanzquartier Wien)
Theresa Palfi (als Elizabeth in *Maria Stuart*, Landestheater Linz)
Caroline Peters (in *Schwarzwasser*, Akademietheater)

Bester Schauspieler
Florian Köhler (als Frau Zittel in *Heldenplatz*, Schauspielhaus Graz)
Johannes Krisch (als Weinberl in *Einen Jux will er sich machen*, Theater in der Josefstadt)
Franz Pätzold (als Dionysos in *Die Bakchen*, Burgtheater)

Beste Darstellung einer Nebenrolle
Alexander Absenger (als Charlotta Iwanowna in *Der Kirschgarten*, Theater in der Josefstadt)
Sabine Haupt (als Norah in *Vögel*, Akademietheater)
Markus Hering (als Gottfried in *The Party*, Burgtheater)

Bester Nachwuchs weiblich
Bérénice Hebenstreit (Regie bei *Urfaust / FaustIn and out*, Volkstheater / Volx)
Isabella Knöll (in *Schwere Knochen*, Volkstheater)
Anja Rüegg (in *Jugend ohne Gott*, Theater der Jugend)

Bester Nachwuchs männlich
Alireza Daryanavard (Autor und Regie bei *Blutiger Sommer*, Theaterkollektiv Hybrid / Werk X Petersplatz)
Nils Hohenhövel (als Peer Gynt in *Peer Gynt*, Volkstheater)
Mathias Spaan (Regie bei *Die Nibelungen*, Landestheater Niederösterreich)

Beste Off-Produktion
Dunkel lockende Welt (Werk X, Regie: Nurkan Erpulat)
Das große Heft (Makemake Produktionen / Kosmos Theater, Regie: Sara Ostertag)
Habitat / Halle E (Theaterverein Insert / Tanzquartier Wien, Choreografie: Doris Uhlich)

Christoph Marthaler

Im Herzen der Gewalt (Schauspielhaus Wien, Regie: Tomas Schweigen)
Königin der Berge (Theater IG Fokus, Regie: Margit Mezgolich)

Beste Bundesländer-Aufführung
Cold Songs: Rom (Vorarlberger Landestheater, Regie: Agnes Kitzler, Johannes Lepper, Catharina May)
Hamlet (Landestheater Niederösterreich, Regie: Rikki Henry)
Die Physiker (Schauspielhaus Graz, Regie: Claudia Bossard)

Bestes Stück – Autor:innenpreis
Elfriede Jelinek: *Schwarzwasser*
(Akademietheater)

Corona-Spezialpreis
Ausgang: Offen (Performancefilm von Darum – Laura Andreß, Victoria Halper, Kai Krösche / WUK performing arts)
Der Kreisky-Test (Online-Produktion von Nesterval / Brut, Regie: Herr Finnland)
Wiener Stimmung (Autor:innen aus Österreich schreiben für das Burgtheater-Ensemble in Isolation)

Lebenswerk
Christoph Marthaler

Publikumspreis
Michael Niavarani

Sonderpreis der Zeitschrift „Bühne"
Herbert Föttinger und Helga Rabl-Stadler

2021

Beste Aufführung im deutschsprachigen Raum
Anthropos, Tyrann (Ödipus) (Volksbühne am Rosa-Luxemburg-Platz Berlin, Regie: Alexander Eisenach)
Einfach das Ende der Welt (Schauspielhaus Zürich, Regie: Christopher Rüping)
Peer Gynt (Schauspielhaus Bochum, Regie: Dušan David Pařízek)

Beste Regie
Barbara Frey (*Automatenbüfett*, Akademietheater)
Ben Kidd & Bush Moukarzel (Dead Centre) (*Alles, was der Fall ist*, Akademietheater)
Anita Vulesica (*dritte republik (eine vermessung)*, Schauspielhaus Graz)

Beste Ausstattung
Pia Maria Mackert (Bühne für *Die Jagdgesellschaft*, Akademietheater)
Nina von Mechow (Bühne für *Die Gewehre der Frau Kathrin Angerer*, Wiener Festwochen / Volksbühne am Rosa-Luxemburg-Platz Berlin)
Martin Zehetgruber (Bühne für *Automatenbüfett*, Akademietheater)

Anita Vulesica und Team Schauspielhaus Graz

Beste Schauspielerin
Lina Beckmann (als Richard in *Richard the Kid & the King*, Salzburger Festspiele / Deutsches Schauspielhaus Hamburg)
Bibiana Beglau (als Elisabeth in *Maria Stuart*, Salzburger Festspiele / Burgtheater)
Katharina Lorenz (als Eva in *Automatenbüfett*, Akademietheater)
Birgit Minichmayr (als Maria Stuart in *Maria Stuart*, Salzburger Festspiele / Burgtheater)
Marie-Luise Stockinger (als Sally Poppy in *Das Himmelszelt*, Burgtheater)

Bester Schauspieler
Philipp Hauß (in *Alles, was der Fall ist*, Akademietheater)
Markus Hering (als Schlomo Herzl in *Mein Kampf*, Burgtheater)
Michael Maertens (als Karel Kopfrkingl in *Der Leichenverbrenner*, Akademietheater)
Claudius von Stolzmann (als Macheath in *Die Dreigroschenoper*, Kammerspiele der Josefstadt)
August Zirner (als Robert Schuster in *Heldenplatz*, Salzburger Landestheater)

Beste Darstellung einer Nebenrolle
Mehmet Ateşçi (als Miss Prism in *Bunbury*, Akademietheater)
Edith Clever (als Tod in *Jedermann*, Salzburger Festspiele)
Sarah Viktoria Frick (als Kristin in *Fräulein Julie*, Akademietheater)
Julia Riedler (als Rosaura in *Das Leben ein Traum*, Burgtheater)
Martin Vischer (als Dr. Jura in *Das Konzert*, Theater in der Josefstadt)

Bester Nachwuchs weiblich
Teresa Dopler (Autorin von *Das weiße Dorf*, Theater Drachengasse)
Johanna Mahaffy (in *Stolz* und *Vorurteil* (*oder so)*, Burgtheater/Kasino am Schwarzenbergplatz / Max Reinhardt Seminar)
Paula Nocker (als Lucy in *Die Dreigroschenoper*, Kammerspiele der Josefstadt)

Bester Nachwuchs männlich
Florian Fischer (Regie bei *Tragödienbastard*, Schauspielhaus Wien)
Gregor Schulz (als Franz von Moor in *Die Räuber*, Salzburger Landestheater)
Marius Zernatto (als William Shakespeare in *Das große Shakespeare-Abenteuer*, Theater der Jugend)

Beste Off-Produktion
Lonely Ballads eins + zwei (Aktionstheater Ensemble / Bregenzer Frühling / Spielboden Dornbirn / Werk X, Regie: Martin Gruber)
Precarious Moves (Michael Turinsky, Tanzquartier Wien / HAU Berlin)
weiter leben (Makemake Produktionen / Odeon, Regie: Sara Ostertag, Kathrin Herm)

Claudia Bauer

Beste Bundesländer-Aufführung
dritte republik (eine vermessung)
(Schauspielhaus Graz, Regie: Anita Vulesica)
#Ersthelfer #Firstaid (Salzburger Landestheater, Regie: Nuran David Calis)
Der zerbrochne Krug (Landestheater Linz, Regie: Bérénice Hebenstreit)

Bestes Stück – Autor:innenpreis
Miroslava Svolikova: *Rand*
(Schauspielhaus Wien)

Corona-Spezialpreis
After the End and Before the Beginning (Theater-Ausstellung von Toxic Dreams im Theatermuseum, Regie: Yosi Wanunu)
Der Anfang, das Ende. (Theaterfilm aus dem Theater Drachengasse, Regie: Franz-Xaver Mayr, Korbinian Schmidt)
Black Box (Theaterführung von Rimini Protokoll im Volkstheater, Regie: Stefan Kaegi)
Krasnojarsk: Eine Endzeitreise in 360° (Theater mit VR-Brille aus dem Schauspielhaus Graz, Regie: Tom Feichtinger)
werther.live (Online-Theater von Cosmea Spelleken)

Lebenswerk
Elfriede Jelinek

Publikumspreis
Verena Altenberger

2022

Beste Aufführung im deutschsprachigen Raum
humanistää! – eine abschaffung der sparten (Volkstheater, Regie: Claudia Bauer)
Like Lovers Do (Memoiren der Medusa) (Münchner Kammerspiele, Regie: Pınar Karabulut)
Das Vermächtnis (The Inheritance) (Residenztheater München, Regie: Philipp Stölzl)

Beste Regie
Claudia Bauer (*humanistää!*, Volkstheater)
Kelly Copper & Pavol Liška / Nature Theater of Oklahoma (*Karoline und Kasimir – Noli me tangere*, Volkstheater)
Simon Stone (*Komplizen*, Burgtheater)

Beste Ausstattung
Peter Baur und Jonas Link (Bühne und Video für *Die Schwerkraft der Verhältnisse*, Akademietheater)
Aleksandar Denić (Bühne für *Zdeněk Adamec*, Burgtheater)
Paul Horn (Bühne für *The Art of Asking Your Boss for a Raise*, Toxic Dreams / Brut)

Beste Schauspielerin
Sarah Viktoria Frick (als Aloisia in *Adern*, Akademietheater)
Constanze Passin (in *Aus dem Nichts*, Werk X)

Samouil Stoyanov

Elias Eilinghoff

Julia Franz Richter (in *Karoline und Kasimir – Noli me tangere*, Volkstheater)
Anna Rieser (als Käthe in *Einsame Menschen*, Volkstheater)
Marie-Luise Stockinger (in *Zdeněk Adamec*, Burgtheater)

Bester Schauspieler

Markus Hering (als Rudolf in *Adern*, Akademietheater)
Johannes Krisch (als Karl Bockerer in *Der Bockerer*, Theater in der Josefstadt)
Bernhard Schir (als König in *Der König stirbt*, Kammerspiele der Josefstadt)
Samouil Stoyanov (in *humanistää!*, Volkstheater)
Devid Striesow (in *Verrückt nach Trost*, Salzburger Festspiele)

Beste Darstellung einer Nebenrolle

Elias Eilinghoff (in *Karoline und Kasimir – Noli me tangere*, Volkstheater)
Christian Higer (in *Die Abenteuer des braven Soldaten Schwejk*, Landestheater Linz)
Mavie Hörbiger (als Lisa in *Komplizen*, Burgtheater)
Clara Liepsch (als Danny in *SHTF*, Schauspielhaus Wien)
Anke Zillich (als Frau Vockerat in *Einsame Menschen*, Volkstheater)

Bester Nachwuchs weiblich

Victoria Hauer (als Anne in *Anne of Green Gables*, Theater der Jugend)
Lavinia Nowak (als Nelly in *Erniedrigte und Beleidigte*, Volkstheater)
Rieke Süßkow (Regie bei *Oxytocin Baby*, Schauspielhaus Wien)

Bester Nachwuchs männlich

Felix Kammerer (als Luke in *Moskitos*, Akademietheater)
Frieder Langenberger (als Salvatore Brandt in *Garland*, Schauspielhaus Graz)
Lukas David Schmidt (in *Leicht*, Theater Drachengasse)

Beste Off-Produktion

Ein bescheidenerer Vorschlag (Herminentheater / Tag, Regie: Thomas Toppler)
Liebe / Eine argumentative Übung (Kosmos Theater, Regie: Anna Marboe)
Ödipus – Eine Kriminalkomödie (Tag – Theater an der Gumpendorfer Straße, Regie: Kaja Dymnicki & Alexander Pschill)

Beste Bundesländer-Aufführung

Die Abenteuer des braven Soldaten Schwejk (Landestheater Linz, Regie: Matthias Rippert)
Garland (Schauspielhaus Graz, Regie: Anita Vulesica)
Grufttheater: Weissagung (Tiroler Landestheater, Regie: Joachim Gottfried Goller)

Lisa Wentz

Florentina Holzinger

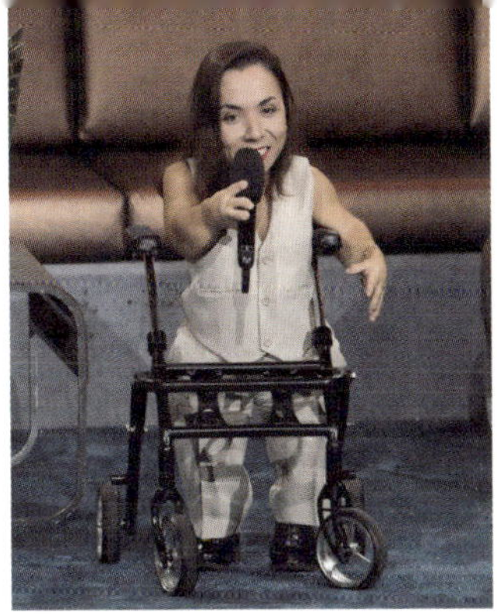
Saioa Alvarez Ruiz

Bestes Stück – Autor:innenpreis
Lisa Wentz: *Adern* (Akademietheater)

Spezialpreis
Asyl Tribunal – Klage gegen die Republik (Theaterkollektiv Hybrid am Judenplatz / Werk X Petersplatz, Regie: Alireza Daryanavard)
Close Encounters (Wiener Festwochen, Regie: Anna Rispoli)
Nicht sehen (Stadttheater Klagenfurt, Regie: Noam Brusilovsky)

Lebenswerk
Elisabeth Orth

Publikumspreis
Stefan Jürgens

2023

Beste Aufführung im deutschsprachigen Raum
Angabe der Person (Deutsches Theater Berlin, Regie: Jossi Wieler)
Gier (Schauspielhaus Zürich, Regie: Christopher Rüping)
Ophelia's Got Talent (Volksbühne am Rosa-Luxemburg-Platz Berlin / Spirit / Tanzquartier Wien / Volkstheater u. a., Choreografie: Florentina Holzinger)

Beste Regie
Lucia Bihler (*Die Eingeborenen von Maria Blut*, Akademietheater)
Markus Öhrn (*Szenen einer Ehe*, Volkstheater / Volx)
Tomas Schweigen (*Faarm Animaal*, Schauspielhaus Wien)

Beste Ausstattung
Victoria Behr (Kostüme für *Die Eingeborenen von Maria Blut*, Akademietheater)
Nikola Knežević (Bühne für *Ophelia's Got Talent*, Volksbühne am Rosa-Luxemburg-Platz Berlin / Tanzquartier Wien u. a.)
Mirjam Stängl (Bühne für *Zwiegespräch*, Akademietheater)

Beste Schauspielerin
Saioa Alvarez Ruiz (in *Ophelia's Got Talent*, Volksbühne am Rosa-Luxemburg-Platz Berlin / Tanzquartier Wien u. a.)
Julia Kreusch (als Therese Krumbholz in *Die Blendung*, Landestheater Niederösterreich)
Katharina Lorenz (als Genia in *Das weite Land*, Akademietheater / Ruhrtriennale)
Birgit Minichmayr (als Emanuel Striese in *Der Raub der Sabinerinnen*, Akademietheater)
Valery Tscheplanowa (als Nathan in *Nathan der Weise*, Salzburger Festspiele)

Dorothee Hartinger

Selma Kay Matter

Die Rabtaldirndln mit
Regisseurin Nadja Brachvogel

Bester Schauspieler

Elias Eilinghoff (als Johan in *Szenen einer Ehe*, Volkstheater / Volx)
Frieder Langenberger (als John Worthing in *Bunbury. Ernst sein is everything!*, Schauspielhaus Graz)
Michael Maertens (als Hofreiter in *Das weite Land*, Akademietheater / Ruhrtriennale)
Alexander Pschill (als Barbier/Hynkel in *Der große Diktator*, Kammerspiele der Josefstadt)
Nicolas Streit (in *Bent*, wirgehenschonmalvor / Theater Nestroyhof Hamakom)

Beste Darstellung einer Nebenrolle

David Fuchs (als Der Großvater / Der Dechant in *Ein Kind*, Theater der Jugend)
Dorothee Hartinger (als Rosa in *Der Raub der Sabinerinnen*, Akademietheater)
Katrija Lehmann (als Mary in *Die kahle Sängerin*, Schauspielhaus Graz)
Martina Stilp (als Marja Lwowna in *Sommergäste*, Theater in der Josefstadt)
Tim Werths (als Die poetische Phantasie in *Die gefesselte Phantasie*, Burgtheater)

Bester Nachwuchs Schauspiel

Tommy Fischnaller-Wachtler (als Effi Briest in *Effi Briest*, Bronski & Grünberg)
Cecilia Pérez (in *Schnee Weiß (Die Erfindung der alten Leier)*, Landestheater Linz)
Lili Winderlich (in *Die Eingeborenen von Maria Blut*, Akademietheater)

Bester Nachwuchs Autor:in, Musik, Bühne und Kostüm

Oskar Haag (Musik für *Wie es euch gefällt*, Burgtheater)
Selma Kay Matter (Autorin von *Grelle Tage*, Schauspielhaus Wien)
Julia Neuhold (Bühne und Kostüme für *Schnee Weiß (Die Erfindung der alten Leier)*, Tiroler Landestheater)

Beste Off-Produktion

Ahnfrauen (Die Rabtaldirndln / Kosmos Theater, Regie: Nadja Brachvogel)
Bent (wirgehenschonmalvor / Theater Nestroyhof Hamakom, Regie: Matthias Köhler)
Justitia! Identity Cases (Verein zur Förderung der Bewegungsfreiheit / Brut, Regie: Gin Müller u.a.)

Beste Bundesländer-Aufführung

Bunbury. Ernst sein is everything! (Schauspielhaus Graz, Regie: Claudia Bossard)
Schnee Weiß (Die Erfindung der alten Leier) (Landestheater Linz, Regie: Katrin Plötner)
Schnee Weiß (Die Erfindung der alten Leier) (Tiroler Landestheater, Regie: Joachim Gottfried Goller)

Bestes Stück – Autor:innenpreis

Thomas Perle: *karpatenflecken*
(Burgtheater/Vestibül)

Spezialpreis

Griessner Stadl (Ferdinand Nagele und Anita Winkler)
Heimweh (Darum – Victoria Halper und Kai Krösche / WUK performing arts)
Die Namenlosen (Nesterval / Brut, Regie: Herr Finnland)

Lebenswerk

Emmy Werner

Publikumspreis

Nick Romeo Reimann

2024

Beste Aufführung im deutschsprachigen Raum

☐ *Anthropolis I–V* (Deutsches Schauspielhaus Hamburg, Regie: Karin Beier)
☐ *ja nichts ist okay* (Volksbühne am Rosa-Luxemburg-Platz Berlin, Regie: René Pollesch)
☐ *Übergewicht, unwichtig: Unform* (Staatstheater Nürnberg, Regie: Rieke Süßkow)

Beste Regie

☐ Lucia Bihler (*Die Verwandlung*, Akademietheater)
☐ Anne Lenk (*Von einem Frauenzimmer*, Schauspielhaus Graz)
☐ Kornél Mundruczó (*Parallax*, Proton Theatre / Wiener Festwochen)

Beste Ausstattung

☐ Victoria Behr und Pia Maria Mackert (Kostüme bzw. Bühne für *Die Verwandlung*, Akademietheater)
☐ Mira König (Bühne und Kostüme für *Der Nebel von Dybern*, Theater Nestroyhof Hamakom)
☐ Mehmet & Kazim (Bühne und Videoanimation für *Sonne/Luft*, Schauspielhaus Graz / Steirischer Herbst)

Beste Schauspielerin

☐ Paulina Alpen (als Gregor Samsa in *Die Verwandlung*, Akademietheater)
☐ Julia Edtmeier (als Mozart in *Amadeus*, Volkstheater in den Bezirken / Bronski & Grünberg)
☐ Bettina Lieder (in *Malina*, Volkstheater)
☐ Birgit Minichmayr (in *Heldenplatz*, Burgtheater)
☐ Anna Rieser (in *Prima Facie*, Volkstheater/Dunkelkammer)

Bester Schauspieler

☐ Simon Kirsch (als Baron Düval in *Von einem Frauenzimmer*, Schauspielhaus Graz)
☐ Roland Koch und Michael Maertens (als Coleman und Valene Connor in *Der einsame Westen*, Akademietheater)
☐ Claudius von Stolzmann (als Zagl in *Der Himbeerpflücker*, Kammerspiele der Josefstadt)
☐ Maximilian Thienen (als Erzähler in *Der Verein*, Schauspielhaus Wien)
☐ Mervan Ürkmez (in *Nestbeschmutzung* vom Institut für Medien, Politik und Theater, Kosmos Theater, und als Herrmann in *Schwabgasse 94*, Schauspielhaus Graz)

Beste Darstellung einer Nebenrolle

☐ Anna Klimovitskaya (als Fränzchen in *Von einem Frauenzimmer*, Schauspielhaus Graz).
☐ Sophia Löffler (als Mutter in *Der Verein*, Schauspielhaus Wien)

☐ Christoph Luser (als Jedermanns guter Gesell / Teufel in *Jedermann*, Salzburger Festspiele)
☐ Dörte Lyssewski (als Armer Nachbar / Werke in *Jedermann*, Salzburger Festspiele)
☐ Lore Stefanek (als Die Alte in *Leben und Sterben in Wien*, Theater in der Josefstadt)

Bester Nachwuchs Schauspiel

☐ Irem Gökçen (als Clarice in *Der Diener zweier Herren*, Volkstheater)
☐ Lukas Vogelsang (in *Peer Gynt*, Burgtheater / Kasino am Schwarzenbergplatz)
☐ Ludwig Wendelin Weißenberger (als Arnold Epstein in *Biloxi Blues*, Theater der Jugend, und in *FurchtBlasen*, Theater Nestroyhof Hamakom)

Bester Nachwuchs Autor:in, Kostüme, Regie

☐ Nadine Cobbina (Kostüme für *Minihorror*, diverCitylab / Theater am Werk)
☐ Lukas Michelitsch (Regie bei *Die Party. Eine Einkreisung*, Schauspielhaus Graz)
☐ Leonie Lorena Wyss (Autor:in von *Muttertier*, Burgtheater/Vestibül)

Beste Off-Produktion

☐ *Das große Heft* (Wenn es soweit ist / Odeon, Regie: Jacqueline Kornmüller)
☐ *Minihorror* (diverCitylab / Theater am Werk, Regie: Aslı Kışlal)
☐ *Nestbeschmutzung* (Institut für Medien, Politik und Theater / Kosmos Theater, Konzept: Felix Hafner, Jennifer Weiss, Anna Wielander)

Beste Bundesländer-Aufführung

☐ *Freiheit in Krähwinkel* (Tiroler Landestheater, Regie: Moritz Franz Beichl)
☐ *Tom auf dem Lande* (Landestheater Linz, Regie: Sara Ostertag)
Von einem Frauenzimmer (Schauspielhaus Graz, Regie: Anne Lenk)

Bestes Stück – Autor:innenpreis

☐ Steffen Link: *Der Verein* (Schauspielhaus Wien)
☐ Ferdinand Schmalz: *hildensaga. ein königinnendrama* (Akademietheater)
☐ Magdalena Schrefel mit Valentin Schuster: *Die vielen Stimmen meines Bruders* (Kosmos Theater / Schauspielhaus Wien / Kunstfest Weimar)

Spezialpreis

☐ *Boji – In the State of Fire and Miracles* (Franz von Strolchen / Theater am Lend Graz / Theaterland Steiermark)
☐ *Lass uns die Welt vergessen – Volksoper 1938* (Volksoper Wien, Regie: Theu Boermans)
☐ *Oskar Werner – Kompromisslos in die Wiedergeburt* (Bernhard Dechant)

Lebenswerk

Felix Mitterer

Die Nestroy-Galas

21.10.2000 Theater an der Wien (Moderation: Peter Simonischek)

10.11.2001 Volkstheater (Peter Simonischek)

12.10.2002 Theater an der Wien (Andrea Eckert)

15.11.2003 Ronacher (Theater im Bahnhof / Michael Ostrowski und Martina Zinner als Schallbert Gilet und Mia Zutz)

20.11.2004 Ronacher (Mercedes Echerer und Heinz Prüller)

26.11.2005 Volkstheater (Maria Bill und Michael Schottenberg)

25.11.2006 Theater in der Josefstadt (Michael Maertens und Nicholas Ofczarek)

24.11.2007 Theater an der Wien (Caroline Peters und Sophie Rois)

20.11.2008 Ronacher (Maria Happel)

12.10.2009 Circus Roncalli (Nicolaus Hagg und Christoph Wagner-Trenkwitz)

8.11.2010 Burgtheater (Peter Simonischek)

14.11.2011 Raimundtheater (Rudi Roubinek, Katharina Straßer und Gregor Seberg)

5.11.2012 Museumsquartier, Halle E (Robert Meyer)

4.11.2013 Wiener Stadthalle, Halle F (Sunnyi Melles mit Studierenden des Max Reinhardt Seminars)

10.11.2014 Wiener Stadthalle, Halle F (Wir Staatskünstler – Thomas Maurer, Robert Palfrader, Florian Scheuba)

2.11.2015 Ronacher (Maria Happel und Florian Teichtmeister)

7.11.2016 Ronacher (Steffi Krautz und Markus Meyer)

13.11.2017 Ronacher (Karin Bergmann, Peter Fässlacher und Michael Niavarani)

17.11.2018 Theater an der Wien (Peter Fässlacher, Viktor Gernot und Maria Happel)

24.11.2019 Theater an der Wien (Peter Fässlacher, Maria Köstlinger und Florian Teichtmeister)

4.10.2020 Keine Gala, nur TV-Sendung aus dem Wurstelprater (Peter Fässlacher, Philipp Hochmair und Stefanie Reinsperger)

21.11.2021 Theater an der Wien, ohne Publikum (Nadja Bernhard und Peter Fässlacher)

13.11.2022 Arsenal, Art-for-Art-Werkstätten (Nadja Bernhard und Peter Fässlacher)

5.11.2023 Volkstheater (Nadja Bernhard und Peter Fässlacher)

24.11.2024 Volkstheater (Nadja Bernhard und Peter Fässlacher)

Die Nestroy-Charts

Die 11 meistnominierten Wiener Theater:

254 Burgtheater (mit Akademietheater)

72 Volkstheater

69 Theater in der Josefstadt (mit Kammerspielen)

31 Schauspielhaus

28 Theater der Jugend

13 Rabenhof

13 Werk X (mit Garage X und Werk X Petersplatz)

11 Brut (mit dietheater)

9 Tanzquartier

6 Tag – Theater an der Gumpendorfer Straße

6 Theater Nestroyhof Hamakom

Die 5 meistnominierten Festivals:

58 Salzburger Festspiele

36 Wiener Festwochen

5 Festspiele Reichenau

4 Steirischer Herbst

3 Graz 2003 – Kulturhauptstadt Europas

Die 10 meistnominierten internationalen Bühnen:

18 Thalia Theater Hamburg

14 Münchner Kammerspiele

10 Volksbühne Berlin

10 Schauspielhaus Zürich

8 Deutsches Theater Berlin

8 Residenztheater München

7 Schaubühne Berlin

7 Schauspielhaus Bochum

5 Deutsches Schauspielhaus Hamburg

3 Maxim Gorki Theater Berlin

Die 5 meistnominierten Bundesländer-Bühnen:

40 Schauspielhaus Graz

14 Stadttheater Klagenfurt

14 Landestheater Niederösterreich

13 Landestheater Linz

5 Tiroler Landestheater

Die 9 meistnominierten Regisseur:innen:

9 Andrea Breth

8 Martin Kušej

6 Andreas Kriegenburg

5 Christoph Marthaler

5 Simon Stone

5 Michael Thalheimer

4 Luc Bondy

4 Stephan Kimmig

4 Dušan David Pařízek

Die 4 meistnominierten Schauspielerinnen:

7 Caroline Peters

6 Birgit Minichmayr

6 Christiane von Poelnitz

4 Sarah Viktoria Frick

Die 5 meistnominierten Schauspieler:

10 Michael Maertens

6 Gert Voss

5 Markus Hering

5 Joachim Meyerhoff

5 Nicholas Ofczarek

Die 5 meistnominierten Produktionen:

5 Elektra (2013)

5 John Gabriel Borkman (2015)

5 Liliom (2019)

5 Die Möwe (2000)

5 Rosmersholm (2001)

Die 6 meistnominierten Rollen:

4 Marie aus Woyzeck

3 Elisabeth aus Maria Stuart

3 Medea aus Medea

3 Frau Muskat aus Liliom

3 Peer Gynt aus Peer Gynt

3 Woyzeck aus Woyzeck

Die 9 meistnominierten Stücke:

12 Woyzeck

10 Liliom

8 John Gabriel Borkman

8 Kasimir und Karoline

7 König Ottokars Glück und Ende

7 Maria Stuart

7 Die Möwe

6 Weh dem, der lügt!

6 Das weite Land

Die 3 Künstler:innen mit den meisten Nestroys:

5 Martin Zehetgruber

4 Andrea Breth

3 Birgit Minichmayr

Die 8 Wiener Theater mit den meisten Nestroys:

97 Burgtheater (mit Akademietheater)

26 Volkstheater

19 Theater in der Josefstadt (mit Kammerspielen)

10 Schauspielhaus

4 Brut (mit dietheater)

4 Rabenhof

4 Tanzquartier

4 Werk X (mit Garage X)

Die 3 Bundesländer-Bühnen mit den meisten Nestroys:

13 Schauspielhaus Graz

5 Stadttheater Klagenfurt

5 Landestheater NÖ

Die 2 Festivals mit den meisten Nestroys:

16 Salzburger Festspiele

16 Wiener Festwochen

Durchschnittsalter der Nachwuchs-Preisträger:innen:

27,8 Jahre

Ältester Preisträger:

36 Jahre (2001) Georg Staudacher

Jüngste Preisträgerinnen:

23 Jahre (2000 bzw. 2007) Birgit Minichmayr und Katharina Straßer

Durchschnittsalter der Lebenswerk-Preisträger:innen:

73,8 Jahre

Älteste Preisträgerin:

91 Jahre (2003) Gusti Wolf

Jüngste Preisträgerin:

57 Jahre (2010) Ulrike Kaufmann

Die Nestroy-Jury

2000
Karin Kathrein (Vorsitz)
Brigitte Hofer (ORF)
Roland Koberg (Berliner Zeitung)
Barbara Petsch (Die Presse)
Ronald Pohl (Der Standard)
Karlheinz Roschitz (Kronen Zeitung)
Heinz Sichrovsky (News)

2001
Karin Kathrein (Vorsitz)
Brigitte Hofer (ORF)
Roland Koberg (Berliner Zeitung)
Barbara Petsch (Die Presse)
Ronald Pohl (Der Standard)
Karlheinz Roschitz (Kronen Zeitung)
Heinz Sichrovsky (News)

2002
Karin Kathrein (Vorsitz)
Brigitte Hofer (ORF)
Frido Hütter (Kleine Zeitung)
Barbara Petsch (Die Presse)
Ronald Pohl (Der Standard)
Karlheinz Roschitz (Kronen Zeitung)
Heinz Sichrovsky (News)

2003
Karin Kathrein (Vorsitz)
Eva Maria Klinger (ORF)
Maria Rennhofer (ORF)
Thomas Gabler (Kronen Zeitung)
Christoph Hirschmann (Format)
Wolfgang Huber-Lang (APA)
Frido Hütter (Kleine Zeitung)
Caro Wiesauer (Kurier)

2004
Karin Kathrein (Vorsitz)
Thomas Gabler (Kronen Zeitung)
Christoph Hirschmann (Format)
Wolfgang Huber-Lang (APA)
Eva Maria Klinger (ORF)
Maria Rennhofer (ORF)
Franz Schwabeneder (OÖ Nachrichten)
Caro Wiesauer (Kurier)

2005
Karin Kathrein (Vorsitz)
Thomas Gabler (Kronen Zeitung)
Christoph Hirschmann (Format)
Wolfgang Huber-Lang (APA)
Eva Maria Klinger (ORF)
Maria Rennhofer (ORF)
Franz Schwabeneder (OÖ Nachrichten)
Caro Wiesauer (Kurier)

2006
Karin Kathrein (Vorsitz)
Karin Cerny (Falter)
Hedwig Kainberger (Salzburger Nachrichten)
Norbert Mayer (Die Presse)
Karlheinz Roschitz (Kronen Zeitung)
Peter Schneeberger (Profil)
Guido Tartarotti (Kurier)
Franz Zoglauer (ORF)

2007

Karin Kathrein (Vorsitz)
Karin Cerny (Falter)
Hedwig Kainberger (Salzburger Nachrichten)
Norbert Mayer (Die Presse)
Karlheinz Roschitz (Kronen Zeitung)
Peter Schneeberger (Profil)
Guido Tartarotti (Kurier)
Franz Zoglauer (ORF)

2008

Karin Kathrein (Vorsitz)
Margarete Affenzeller (Der Standard)
Thomas Gabler (Kronen Zeitung)
Elisabeth Hirschmann (Österreich)
Frido Hütter (Kleine Zeitung)
Christian Rainer (Profil)
Martin Traxl (ORF)
Caro Wiesauer (Kurier)

2009

Karin Kathrein (Vorsitz)
Margarete Affenzeller (Der Standard)
Thomas Gabler (Kronen Zeitung)
Elisabeth Hirschmann (Österreich)
Frido Hütter (Kleine Zeitung)
Christian Rainer (Profil)
Martin Traxl (ORF)
Caro Wiesauer (Kurier)

2010

Karin Kathrein (Vorsitz)
Margarete Affenzeller (Der Standard)
Thomas Gabler (Kronen Zeitung)
Elisabeth Hirschmann (Österreich)
Frido Hütter (Kleine Zeitung)
Christian Rainer (Profil)
Martin Traxl (ORF)
Caro Wiesauer (Kurier)

2011

Karin Kathrein (Vorsitz)
Eva Maria Klinger
Gert Korentschnig (Kurier)
Karlheinz Roschitz (Kronen Zeitung)
Peter Schneeberger (ORF)
Lothar Schreiner (Bühne)
Andrea Schurian (Der Standard)
Susanne Zobl (News)

2012

Karin Kathrein (Vorsitz)
Eva Maria Klinger
Michaela Mottinger (Kurier)
Karlheinz Roschitz (Kronen Zeitung)
Peter Schneeberger (ORF)
Lothar Schreiner (Bühne)
Andrea Schurian (Der Standard)
Susanne Zobl (News)

2013

Karin Kathrein (Vorsitz)
Margarete Affenzeller (Der Standard)
Thomas Gabler (Kronen Zeitung)
Wolfgang Huber-Lang (APA)
Eva Maria Klinger
Nobert Mayer (Die Presse)
Michaela Mottinger (Kurier)
Lothar Schreiner (Bühne)

2014

Karin Kathrein (Vorsitz)
Margarete Affenzeller (Der Standard)
Thomas Gabler (Kronen Zeitung)
Wolfgang Huber-Lang (APA)
Peter Jarolin (Kurier)
Eva Maria Klinger
Wolfgang Kralicek (Falter)
Lothar Schreiner (Bühne)

2015

Karin Kathrein (Vorsitz)
Margarete Affenzeller (Der Standard)
Wolfgang Huber-Lang (APA)
Peter Jarolin (Kurier)
Eva Maria Klinger
Wolfgang Kralicek (Falter)
Petra Paterno (Wiener Zeitung)
Lothar Schreiner (Bühne)

2016

Karin Kathrein (Vorsitz)
Karin Cerny (Profil)
Wolfgang Huber-Lang (APA)
Peter Jarolin (Kurier)
Eva Maria Klinger
Wolfgang Kralicek (Theater heute, Süddeutsche Zeitung)
Petra Paterno (Wiener Zeitung)
Ronald Pohl (Der Standard)
Lothar Schreiner (Bühne)

2017

Karin Kathrein (Vorsitz)
Karin Cerny (Profil)
Wolfgang Huber-Lang (APA)
Peter Jarolin (Kurier)
Eva Maria Klinger
Wolfgang Kralicek (Theater heute, Süddeutsche Zeitung)
Petra Paterno (Wiener Zeitung)
Ronald Pohl (Der Standard)
Lothar Schreiner (Bühne)

2018

Karin Kathrein (Vorsitz)
Karin Cerny (Profil)
Wolfgang Huber-Lang (APA)
Peter Jarolin (Kurier)
Eva Maria Klinger
Wolfgang Kralicek (Theater heute, Süddeutsche Zeitung)
Petra Paterno (Wiener Zeitung)
Ronald Pohl (Der Standard)
Lothar Schreiner (Bühne)

2019
Lothar Schreiner (Vorsitz)
Margarete Affenzeller (Der Standard)
Karin Cerny (Profil)
Wolfgang Huber-Lang (APA)
Peter Jarolin (Kurier)
Eva Maria Klinger
Wolfgang Kralicek (Theater heute, Süddeutsche Zeitung)
Petra Paterno (Wiener Zeitung)

2020
Ulli Stepan (Vorsitz)
Margarete Affenzeller (Der Standard)
Karin Cerny (Profil)
Wolfgang Huber-Lang (APA)
Peter Jarolin (Kurier)
Eva Maria Klinger
Wolfgang Kralicek (Theater heute, Süddeutsche Zeitung)
Petra Paterno (Wiener Zeitung)

2021
Ulli Stepan (Vorsitz)
Margarete Affenzeller (Der Standard)
Karin Cerny (Profil)
Wolfgang Huber-Lang (APA)
Peter Jarolin (Kurier)
Wolfgang Kralicek (Theater heute, Süddeutsche Zeitung)
Petra Paterno (Wiener Zeitung)
Susanna Schwarzer (ORF)

2022
Ulli Stepan (Vorsitz)
Margarete Affenzeller (Der Standard)
Karin Cerny (Profil)
Wolfgang Huber-Lang (APA)
Wolfgang Kralicek (Theater heute, Süddeutsche Zeitung)
Petra Paterno (Wiener Zeitung)
Martin Thomas Pesl (Falter, Nachtkritik u.a.)
Susanna Schwarzer (ORF)

2023
Alexandra Althoff (Vorsitz)
Margarete Affenzeller (Der Standard)
Karin Cerny (Profil)
Sonja Harter (APA)
Wolfgang Kralicek (Theater heute, Süddeutsche Zeitung)
Petra Paterno (Wiener Zeitung)
Martin Thomas Pesl (Falter, Nachtkritik u.a.)
Susanna Schwarzer (ORF)

2024
Alexandra Althoff (Vorsitz)
Margarete Affenzeller (Der Standard)
Karin Cerny (Profil)
Sonja Harter (APA)
Wolfgang Kralicek (Theater heute, Süddeutsche Zeitung)
Martin Thomas Pesl (Falter, Nachtkritik u.a.)
Julia Schafferhofer (Kleine Zeitung)
Susanna Schwarzer (ORF)

Vor 25 Jahren lag Wiens Theaterszene etwas im Dornröschenschlaf. Progressiv-innovative Entwicklungen mit internationaler Relevanz wurden erst durch die Theaterreform angestoßen, insbesondere im Tanz- und Performancebereich (Tanzquartier und Brut) und später auch am Sprechtheater (Schauspielhaus Wien oder Werk X). Die gläserne Decke zu den Großbühnen blieb jedoch bestehen. Jene verpflichteten sich weiterhin der Repräsentation und später der Mode statt der Moderne.
Der Nestroy-Preis versuchte hier mit Kategorien wie Beste deutschsprachige Aufführung über den Tellerrand zu verweisen, zementierte aber gleichzeitig die Marginalisierung von Innovation durch die Kategorie „Off-Theater".

Heute, 25 Jahre später, gehört der Nestroy-Preis unverzichtbar zum „theaterverrückten" Wien, doch die Aufbruchstimmung ist neoliberalem Chic gewichen, vieles wurde wieder rückgebaut, selbstgenügsame L'art pour l'art wieder der Mainstream. Oder, um es mit Gerhard Bronner zu sagen: In Wien beißt man „auf Schaumgummi statt auf Granit"!

Harald Posch
Regisseur

Kurzbiografien der Autorinnen und Autoren

Margarete Affenzeller
Geboren 1971 in Freistadt, studierte Geschichte und Literatur in Wien. Seit 2007 Kulturredakteurin der Tageszeitung *Der Standard*. Mitherausgeberin des Zeitgeschichtebandes *Und ich reise noch immer* (Mandelbaum 2015), Autorin von Buchbeiträgen, 2016 bis 2020 Jurymitglied beim Berliner Theatertreffen. Seit 2019 in der Nestroy-Jury.

Alexandra Althoff
Geboren 1977 in Nordrhein-Westfalen, studierte Angewandte Theaterwissenschaft in Gießen, Dramaturgie in Leipzig und Film in Amsterdam. Dramaturgin u. a. am Schauspiel Köln, am Schauspielhaus Bochum und am Schauspiel Frankfurt, 2019 bis 2022 Stellvertretende Künstlerische Direktorin am Burgtheater, seit 2024 Leiterin des Max Reinhardt Seminars. Seit 2023 Vorsitzende der Nestroy-Jury.

Karin Cerny
Geboren 1968 im Waldviertel, studierte Germanistik und Theaterwissenschaft in Wien und Berlin. Freie Journalistin mit den Themenbereichen Theater, Literatur und Lifestyle, u. a für *Profil*, *Theater heute*, *Falstaff Living* und *Der Standard*. 2006 bis 2008 Jurymitglied beim Berliner Theatertreffen. Seit 2016 in der Nestroy-Jury.

Sonja Harter
Geboren 1983 in Graz, studierte Deutsche Philologie in Graz und Wien. Kulturredakteurin bei der *APA – Austria Presse Agentur*, Autorin mehrerer Lyrikbände (zuletzt *katzenpornos in der timeline*, Luftschacht 2020) sowie Podcast-Host (u. a. *Nord.Post*). Seit 2023 in der Nestroy-Jury.

Wolfgang Huber-Lang
Geboren 1963 in Wien, Dramaturg u.a. am Ensemble Theater Treffpunkt Petersplatz in Wien und am Theater Phönix in Linz, als Kulturjournalist u. a. bei *Wirtschaftswoche/Wochenpresse*, *Bühne* und *Format* tätig. Seit 2000 Ressortleiter für Kultur, Wissenschaft und Bildung bzw. Medien bei der APA – *Austria Presse Agentur*. Bis 2022 in der Nestroy-Jury.

Eva Maria Klinger
Geboren 1944 in Wien, studierte Theaterwissenschaft und Germanistik in Wien. Seit 1967 Fernseh- und Radiomoderatorin, ab 1984 Kulturjournalistin in Ö1 und in der TV-Kulturredaktion, seit 2004 freie Kulturpublizistin. Moderatorin der „JosefStadtgespräche". Bis 2020 in der Nestroy-Jury.

Wolfgang Kralicek
Geboren 1965 in Wien, war u.a. Kulturredakteur beim *Falter* und Textchef bei *News*, ist derzeit Redakteur beim *Kurier* und Kritiker für *Theater heute* und *Süddeutsche Zeitung*. Jurytätigkeit für das Berliner Theatertreffen und die Mülheimer Theatertage. Seit 2014 in der Nestroy-Jury.

Petra Paterno
Geboren 1971 in Oberpullendorf, studierte Theaterwissenschaft in Wien, Paris und New York. 2003 bis 2023 Redakteurin der *Wiener Zeitung*, 2021 bis 2023 Jurymitglied beim Berliner Theatertreffen. Seit 2023 Referentin für darstellende Kunst beim Bund. Mitherausgeberin von *Status Quote. Theater im Umbruch: Regisseurinnen im Gespräch* (Henschel 2023). Bis 2023 in der Nestroy-Jury.

Martin Thomas Pesl
Geboren 1983 in Wien, freischaffender Übersetzer, Autor, Sprecher und Kulturjournalist für *Falter*, *nachtkritik.de* und *Deutschlandfunk Kultur*. 2024 bis 2026 Jurymitglied beim Berliner Theatertreffen. Seit 2021 in der Nestroy-Jury.

Julia Schafferhofer
Geboren 1981 in Weiz, studierte Politikwissenschaft und Publizistik in Wien. Seit 2010 Redakteurin bei der *Kleinen Zeitung*, seit 2018 als Kulturredakteurin in Wien. Absolventin der 35. Drehbuchwerkstatt München/Steiermark, Vorstandsmitglied der Vertrauens- und Kompetenzstelle Columna V gegen Belästigung und Gewalt in der Medienbranche. Seit 2024 in der Nestroy-Jury.

Impressum

Liebe Leserin, lieber Leser, hat Ihnen dieses Buch gefallen? Dann freuen wir uns über Ihre Empfehlung! Weil jede gute Geschichte davon lebt, weitergetragen zu werden. Erzählen Sie in Ihrem Freundeskreis davon, in Ihrer Buchhandlung, oder bewerten Sie es online. Wollen Sie weitere Informationen zum Thema? Möchten Sie mit den Autoren in Kontakt treten? Wir freuen uns auf Austausch und Anregung unter post@styriabooks.at
Inspiration, Geschenkideen und gute Geschichten finden Sie auch auf www.styriabooks.at

Styriabuchverlage
#nestroypreis
#gegenwartstheater

Let's Fritz!
MOLDEN VERLAG seit 1964
Komm auf unsere Seiten

STYRIA
BUCHVERLAGE

ISBN 978-3-222-15139-2

Coverdesign und Buchgestaltung: Büro Perndl
Coverfotografie: Josef Perndl

Lektorat und Projektmanagement: Stefanie Jaksch

Printed in the EU
7 6 5 4 3 2 1

Bildnachweis

S. 8 Michael Seirer/ORF, S. 14 Günther Pichlkostner/ORF, S. 15/16 Milenko Badzic/ORF, S. 17 Günther Pichlkostner/ORF, S. 18 Rolf Bock/VBW, S. 19 Günther Pichlkostner/ORF, S. 20 Österreichische Post, S. 22 Lalo Jodlbauer/Verein Wiener Theaterpreis, Milenko Badzic/ORF, Michael Seirer/ORF, Andreas Lorber, Michael Seirer/ORF, Günther Pichlkostner/ORF, Michael Seirer/ORF, S. 23 Michael Seirer/ORF; Rolf Bock/VBW; Günther Pichlkostner/ORF, Rolf Bock/VBW, Katharina Schiffl/ORF, Michael Seirer/ORF, S. 25 Katharina Schiffl/ORF, S. 26 Joel Heyd, S. 27 Peter Manninger, S. 28 Marcel Urlaub, S. 33 Karin Rocholl, S. 36 Tommy Hetzel/Burg, S. 38 Jeanne Degraa, S. 42/43 Christine de Grancy, S. 44 Reinhard Werner, S. 47 Reinhard Werner, S. 48 Luise Jakobi, S. 50 Karl Satzinger, S. 52/53 Marianna Wytyczak, S. 54 Ruth Waltz, S. 60 Katarina Soskic, S. 62 Nikolaus Ostermann, S. 66 Bernd Uhlich, S. 68/69 Nikolaus Ostermann, S. 72 Julia Sellmann, S. 74 Sabine Gruber, S. 77 Thomas Aurin, S. 79 Rolf Bock, S. 82/83 Matthias Horn, S. 84 Jan Frankl, S. 86 Christoph Griesser, S. 89 Andreas Pohlmann, S. 90/91 Matthias Horn, S. 94 Anja Köhler, S. 96 Costa Belibasakis, S. 99 Clara Wildberger, S. 100 Joel Heyd, S. 103 Anna Zehetgruber, S. 106 Hilde van Mas/Bühne, S. 109 Apollonia T. Bitzan, S. 112 Johannes Gellner, S. 115–120 Wolfgang Paterno, S. 122 Ingo Pertramer/Rabenhof, S. 126/127 David Baltzer, S. 130 Georg Soulek, S. 132 Apollonia Theresia Bitzan, S. 135 Bernhard Aichner/Landestheater Tirol, S. 136 Anja Köhler, S. 139 Julia Baier, S. 142 F. Helmreich, S. 144 Konrad Brack, S. 147 Milenko Badzic/ORF 2003, 149–151 Rolf Bock/VBW, S. 152 Rita Newman, S. 160 Jeanne Degraa, S. 162 Tommy Hetzel/Burg, S. 212 Peter Rainer

Hall of Fame
S. 164/165 Milenko Badzic/ORF, S. 166 Milenko Badzic/ORF, Günther Pichlkostner/ORF, S. 167: Günther Pichlkostner/ORF, Ali Schafler/ORF, Milenko Badzic/ORF, S. 168 Rolf Bock/VBW S. 169 Trude Lukacsek, Milenko Badzic/ORF, S. 170 Milenko Badzic/ORF, Rolf Bock/VBW, S. 171 Milenko Badzic/ORF, S. 172 Thomas Jantzen/ORF, S. 173 Andreas Lorber, Milenko Badzic/ORF, Thomas Jantzen/ORF, S. 174/175 Ali Schafler/ORF, S. 176 Trude Lukacsek, S. 177 Andreas Lorber, S. 178 Lalo Jodlbauer/Verein Wiener Theaterpreis, S. 179 Michael Seirer/ORF, Lalo Jodlbauer/Verein Wiener Theaterpreis, S. 180 Lalo Jodlbauer/Verein Wiener Theaterpreis, S. 181 Rolf Bock/VBW, S. 182 –187 Rolf Bock/VBW, S. 188 Rolf Bock/VBW, S. 189 Herwig Prammer, S. 190-196 Michael Seirer/ORF, S. 197–200 Katharina Schiffl/ORF

Wir danken allen Fotografinnen und Fotografen herzlich für die Genehmigung zum Abdruck. Rechteinhaber, die trotz sorgfältiger Recherchen nicht ausfindig gemacht werden konnten, werden gebeten, mit dem Verlag in Kontakt zu treten: www.styriabooks.at

Wir danken herzlich Elfriede Jelinek, Ferdinand Schmalz, Christian Kircher, Susanne Susanka, Alke John, Alexandra Althoff, Ruth Pfletschinger, Wolfgang Paterno sowie allen Mitarbeiter:innen der Theater, die uns beim Einholen der 25 Statements geholfen haben. Ein ganz besonderer Dank gilt der Lektorin Stefanie Jaksch sowie dem ORF, namentlich Martin Majnaric, für die großzügige Zurverfügungstellung des Bildmaterials.